중국 가정교회
신앙과 생활

저자 김영산

도서
출판 영문

머리말

하워드 A. 슈나이더의 [21세기 교회의 전망]이란 책에서 다음과 같은 구체적인 전망을 제시하였다. (하워드 A. 슈나이더 박미경, 김기찬 옮김 "21세기 교회의 전망"(서울: 아가페 출판사) PP. 50-56.

1. 중국의 그리스도인들이 세계교회의 성장률을 결정할 것이다.
2. 중국교회는 중국이 새로운 사회 질서를 건설하는데 중요한 공헌을 할 것이다.
3. 중국교회는 세계교회의 새로운 활력과 리더십을 발휘할 것이다.
4. 중국교회는 세계교회의 신학과 자기 이해에 주된 공헌을 할 것이다.

China Inland Mission(중국내지선교회) 총책임자는 James Hudson Tayler는 "중국은 현재 전환기에 있다"고 했다.

우리는 미래를 모른다. 단지 기도하며 예측할 뿐이다. 분명한 것은 하나님께서 중국의 14억의 영혼을 사랑하시고 계시며 그들을 통해서 영광을 받으시고야 말 것이다. 세계역사는 나무의 잎사귀처럼 많고 복잡하지만, 교회사(선교사)는 나무의 줄기와 같이 그 잎사귀의 방향과 생명을 결정하는 하나님의 역사이다. 세속사에서 하나님의 일이 그림자처럼 희미하게 보여도 지나고 보면 하나님께로부터 나와서 하나님으로 말미암고, 하나님께로 돌아갈 것이다.(롬 11:36)

특히 이 책에서는 사회주의 국가에서 독특한 형태로 자라나고 있는 밀가루 속의 누룩 같이 부흥되고 발전되며 겨자씨와 같이 작고 미미한 집단이지만, 어떻게 하나님이 자라게 하시고 나중에는 모든 나무보다 커져서 많은 새들이 깃들이게 하시는지를 보게 할 것이다.

그러나 중국 선교를 생각할 때 특히 가정교회를 위해 직접 사역하는 자가 적으며, 계속 사역하는 자는 더욱 적고 그 교회를 연구하는 자는 더더욱 적은 현실에서 이 책은 현장에서 섬기며 느낀 점을 조금이나마 정리하므로 다음단계로 더 깊은 연구를 통해

정보를 나누며 선교 전략을 세우는데 일조를 할 수 있기를 바라 마지 않는다.

  이 책은 거대한 중국의 여러 지역의 교회형태들을 장님 코끼리 만지는 격으로 묘사할 위험이 있으나, 조심스레 북경을 중심으로 여러 지역의 가정교회들의 공통성을 중심으로 엮어 보았다. 전반부는 가정교회의 생활을 중심으로 엮었으며 후반부는 그들의 교리를 소개하였다. 그러나 전국의 산재한 가정교회의 체계적인 교리를 총 정리하기는 어렵고 그 중에서 가장 큰 단체, 가장 영향력이 있어서 심지어 선교사를 70가정이나 파송할 정도가 되는 가정교회단체의 내부 인쇄물을 중심으로 소개하고 분석해보았다.

  끝으로 이 책이 가정교회를 위해 기도하며 관심을 갖는 교회와 사역자 그리고 단체들이 좀더 한 발자국 가까이 다가서서 가정교회를 이해하고 사랑하고 협력하는데 일조를 할 수 있었으면 좋겠다.

목 차

머리말 • 3
서 론 • 9
제 1 장 가정교회의 예배 ································· 20
제 2 장 가정교회의 찬송 ································· 43
제 3 장 가정교회의 절기들 ······························ 53
제 4 장 가정교회의 세례 ································· 61
제 5 장 가정교회의 성찬 ································· 65
제 6 장 가정교회의 직분과 호칭문제 ··············· 76
제 7 장 가정교회의 조직과 운영 ······················ 85
제 8 장 성도의 교제 ······································· 90
제 9 장 삼분설 ·· 97
제10장 지도자 양육과 재교육 ······················· 104
재11장 주일학교 ·· 108
제12장 삼자교회와의 관계 ···························· 112
제13장 가정교회의 치리와 권징 ···················· 118
제14장 가정교회의 핍박과 대응 ···················· 126
제15장 이단들 ··· 129

제16장 과거 가정교회 지도자와 현재 지도자의 고충 ·········· 145
제17장 청소년과 가정교회 생리의 부조화 ························ 159
제18장 가정교회의 성경관 ·· 168
제19장 삼위일체관 ··· 171
제20장 가정교회의 기독론 ·· 175
제21장 가정교회의 구원론 ·· 182
제22장 가정교회의 성령론 ·· 190
제23장 가정교회의 교회론 ·· 199
제24장 가정교회의 종말론 ·· 208
제25장 가정교회의 정부와 종교정책에 대한 태도 ············· 210
제26장 가정교회의 장단점 ·· 223
제27장 가정교회의 과제 ··· 227
부 록 중국사와 기독교 연대표 ·· 238
        참고도서 ·· 247

서론

오늘날 중국 그리스도인의 80% 이상이 가정교회의 교인이다. 이들이 중국 기독교의 대표적인 영적 주류인 것이다. 그러나 사회주의 치하에서 구조적이고 정치적인 주류는 삼자교회이다. 특히 문화 혁명의 종말을 고한 1976년 이후 가정교회는 눈부신 성장을 이루어 왔다. 우리는 이 가정교회의 강한 생명력과 놀랄 만한 성장을 살펴볼 때, 극심한 박해에도 불구하고 자신의 백성을 부르시고 보존하시고 자신의 목적을 성취해 가시는 하나님의 주권적 능력과 하나님의 선교를 바라볼 수 있다.

가정교회의 기원

주 예수님이 제자들과 마가 요한의 다락방에서 모임을 가지신 후 부활승천 하시었다.

주후 1세기 이후 그리스도인들은 가정에서 모임을 가졌다. 특히 로마의 카타콤에서 박해 기간 중에는 비밀리에 모임을 가져왔다.

중국의 특수한 상황 가운데서 1949년 공산혁명 이전의 중국의 많은 교회들도 가정집에서 소그룹 모임으로 예배하였다. 후에 몇몇 모임들은 그들 자신의 교회 건물을 얻어내어 삼자회 조직 내로 흡수되기도 하였다. 그러나 대부분의 경우 그런 소규모의 가정 교회들은 계속적으로 독립해서 발전해왔다.

중국의 가정교회 발전

1949년 혁명 이후 가정교회의 모임은 교회의 발전에 중대한 역할을 해 왔다. 많은 복음적인 그리스도인은 삼자회 지도층의 정책을 받아들일 수 없었다. 그들은 삼자회의 진보적인 지도층이 교회 건물 내에서 비판 집회를 갖는 것을 반대하고 삼자회 가입을 거절한 목사와 동료 기독교인들을 배반하도록 하는 삼자회의 태도를 비난했다.

1950년대 정부의 지원을 받고 있던 삼자회는 교회의 활동을 제한하고 개교회의 건물의 수를 줄이기까지 했다. 상하이 같은 곳에서는 200개 교회에서 20개로, 베이징에서는 64개 교회에서 4개로 감소시켰다. 시골 교회 또한 1949-1952년의 토지개혁 운동으로 인해 그 수가 감소되었다. 이로 인해 복음화에 대한 그들의 비전과 함께 각 개인과 집회의 영적 생명력이 점차적으로 수 그러들었다. 중국 그리스도인들은 조직적인 교회의 영적생활과 전도의 퇴색을 목격하게 되자 그리스도의 몸 안에서 삶을 나누는 성경적인 원칙을 개발할 수 있는 장소인 가정에서 비밀리에 회합을 갖기 시작하였다. 문화혁명 시기까지 그러한 혼란 가운데 살아남을 수 있는 것은 그런 소그룹 모임뿐이었다.

가정교회 역사

가정교회의 신앙배경과 각 교파의 조직

중국교회의 주류는 가정교회이며 각 교파별로 전국적(도시 및 농촌)으로 조직된 교회와 도시 중심의 연합적인 성격의 독립 가정교회로 이루어져 있다. 그러므로 가정교회의 신앙배경을 이해하기 위해서는 중국 근대 선교시기에 형성된 교회를 살펴보는 것이 중요하리라 생각된다.

I. 역사적으로 형성된 교회

1. 개별형 자립교회

1906년 상해에서 설립되었던, '중국자립회'. 이 자립회는 화북, 하남, 강서, 사천, 복건, 광동, 강소 등의 교회들이 형성되고 발전된 유형이며 외국 교회나 선교사들과 관계된 단절한 독립교회이며, 1917년 북경에서 장영생 장바나바에 의해 설립된 참예수교도 기도와 안수로 치료하며 오순절 운동을 통해 자립교회로 발전해왔으며 현재는 대만에 크게 형성되었다. 참예수교는 한국에서는 이단으로 정죄받았다. 박화목선교사는 중국에서 참 예수교도를 만나보지 못하였다.

2. 중화기독교회 (中華基督敎會)

1927년 상해에서 발족되었으며 중화기독교회는 북부도시인 북경, 천진, 제남, 청도와 남방의 광동 등에서 형성 발전되었다. 이 유형의 교회는 기존의 외국 선교단체 및 그들이 세운 교단들의 연합체로서 자립(自立), 자양(自養), 자전(自傳)을 강조한다. 그들은 외국선교 단체와 교류만 하고 자립을 강조한다.

3. 중화기독교 협진회(協進會)

1922년 상해에서 조직되었다. 외국선교단체와 교단이 참여하여 설립하였으며 후에 정치 참여 문제로 순수한 연합운동의 변질로 내지회 등 복음주의 교회들은 탈퇴하였고, 신 중국건설 후 삼자에 편입되었고 참여하였다. 그들은 사회복음주의로 신신학을 취하였다.

4. 예수가정교(耶蘇家庭) 배경의 교회들

1921년 산동 태안에서 경전영에 의해 시작된 공동체생활을 강조하는 비교적 독특한 가정교회 유형이다. 주로 농촌에서 전도활동을 했으며 화북, 산서, 섬서 양자강 주변 농촌까지 확대되었다. 공산화 되면서 예수가정은 와해되었으나 지금도 중국에서 강하게 역사하고 있다.

5. 집회처

1928년 워치만 니에 의해 상해에서 설립되었으며 '집회소' 혹은 '소군파(小群派)'로도 알려진 교회이다. 지방교회는 기성교회를 기독교회로 인정하지 않고, 독자적으로 일어난 교회이다. '小群'이란 이름은 마가복음 3장 32절에 나오는 적은 무리에 근거하여 명명한 것이다.

6. 영은(靈恩) 교회

1910년 하나의 종파로서 부르게 되었으며 1932년 북경의 무(武) 목사가 기도하다가 성령을 받게 되어 성령운동이 확산되어 형성되었다. 이들의 특성은 몽은(蒙恩: 은혜를 입다), 간증, 성령 충만, 방언, 진동, 중생, 창령가(昌靈歌) 등의 단어이다. 주로 농촌과 민간 신앙적인 성격을 갖고 있다.

7. 기독도 회당(基督徒會堂)

1925년 북경에서 왕명도에 의해 설립되었다. 기독도회당은 자립원칙, 바른 신학적, 성경원칙을 세우고 그 실천 방안으로 순교정신, 정교분리, 교회토착을 중심했다. 이들은 장로교를 배경으로 하고 있으나 침례를 행하였다.

8. 출삼(出三)

삼자회(예배당)에서 나온 신자들이 구성한 교회들, 여러 가지 이유로 이전의 삼자회의 신도들이 나와서 가정교회들이 중국 전역에 상당히 많다.

역사적으로 형성된 교단이나 교파, 교회들을 살펴보았는데 몇 가지 특징을 정리해보면 자립교회 운동이나 토착교회는 주로 지식인들 중심으로 도시에서 이루어졌으며, 오순절 계통의 신앙은 농촌 중심과 민간신앙과 결합되어 발전했다는 것을 알 수 있다.

II. 교파와 단체의 조직

1. 基要派 (기요파·근본주의, 복음주의)

전국에 분포되어 있으며 도시는 독립적 연합의 성격을 띠고 있고 농촌이나 중소 도시에는 대규모 조직으로 운영되고 있다.

1) 왕밍따오(王明道) - 기독도 회당, 기독도 학생회에서 활동했던 제자나 신도들 그룹. 전통적인 조직으로 북경, 천진, 상해, 하북성 및 일부분의 기타지역. 한국의 고신측에 해당된다. 그들은 삼자측에 대하여 강력하게 대항한다.

2) 리티엔언(李天恩) - 그는 하남출신으로 내지회에서 설립한 신학교를 나왔다. 무디신학을 배경으로 하기에 세대주의 경향이 있다. 상해, 하나님, 안휘, 강소, 산동 등의 그룹. 서부지역에 부채꼴 전략(사역)을 갖고 실행하고 있다. 그들은 외국교회의 도움을 받지 않고 연해의 부흥된 교회를 통해 서부선교를 한다. 금년 봄에 27명의 이민선교사를 파송하였다. 그들은 14~5년 전부터 구체적인 계획을 세워 실시하였다. 박선교사가 양육한 사역자 가운데 한 사람도 27명 가운데 한 사람으로 서부에서 직업을 갖고 사역을 하고 있다.

3) 린씨엔까오(林獻羔) - 대마참교회 목사, 해외에 잘 알려진 스타급 목사로 이전의 순수함과 영력은 아닌 것 같다. 성경 해석에 약간의 문제가 있는데 청년들이 그것을 배우기 때문에 문제가 있다. 광주 중심의 남부지역 그룹,

4) 중화기독교(장로회)의 영향을 받은 산동 일대의 그룹.

5) 자립교회의 영향을 받은 온주 중심의 그룹.

그들은 모방정신이 강하며 삼자교회와도 협력하는 경우도 있다. 또한 가내수공업이 발달하여서 부유한 편이다. 박선교사는 신장에서 형은 사역을 하고 동생은 사업을 하는 경우를 만나서 교제한 경험이 있다.

6) 삼자에서 나온 도시중심의 독립교회 등이다.
 • 조직 - 주요동공회(主要同工會)로 구성되며 그 밑에 대편(大片) (11개의 小片), 小片(50개의 교회) 으로 구성되어있으며 매월 15일에 同工會로 모임을 갖는다. 이들은 1만명 성도에 몇 개의 현이나 성안에 있다. 그들의 관계는 협력관계이지 전국적인 조직은 아니다.

2. 靈恩派(영은파, 五旬節)

전국적인 조직을 갖고 있으며 단체나 파벌을 형성해 활동하고 있다. 주로 하남에서 시작되었으며 빠른 속도로 전국으로 확대되었다.

1) 華人歸主敎會(方城敎會母會)로 張榮亮이 최고 책임자로 하남성 방성이 근거지이다.

2) 中華夢福敎會(中國阜陽敎會)로 鄭獻起가 최고 책임자로 안휘성 부양, 리신이 근거지이다.

3) 온주지역 교회는 묘지동이 책임자로 있으며 방성에서 분리

된 영은파이다.

조직 : 지도급 사역자를 장로라고 부르며 그 밑에 단대(團隊)(부, 성, 시) 교회로 구성되어 있다. 단대를 사용하는 교회는 다 영은파이다.

4) 중국복음단계(中國福音團契)는 단체개념이 강한 조직이며 하남성의 탕허의 申義平과 남양의 申獻奉이 최고 책임자이다. 이들 관계는 조카와 삼촌 관계이다. 오순절 배경이다. 지역적으로 독립적으로 사역을 하기도 하며 중앙에서 지도하기도 한다. 70명의 사역자 들이 동방번개에 휘말리기도 하였다. 그들 가운데는 영은파와 중생파에서 나와 연합을 하는 사역자들도 있다.

5) 중국기타가정교회(中國其他家庭敎會)는 사실(1998년 11월 26일 가정교회 신앙고백 서명자) 생명회(自稱) 또는 중생파(他稱)로 불려지는 이단(광주 대마참교회의 임헌고 목사 주장) 혹은 극단으로 소개되는 그룹이다. 이 그룹도 전국적인 조직을 갖고 활동하며 하남성 남양에 근거지를 두고 있다. 총책임자는 徐永擇이며 그의 여동생 徐永玲〈王君侶-나는 하나님의 반려자(伴侶者)〉가 이 단체를 이끌고 있다.

• 사역자를 복음사자(福音使者)로 부르고 있으며 6局(화북, 서북, 동북, 중남, 화동, 서남)과 그 밑에 敎區(省), 小區(市), 교회(縣, 鄕)로 구성되어 있다.

6) 집회처는 상해, 복건성 및 전국적으로 분포되어 있으며 등록과 비등록으로 활동하고 있다. 등록파는 삼자교회와는 다르게 찬송가는 따로 만들어 부른다. 비등록파는 한국의 지방교회와 같

다, 머리에 수건을 써야 구원받는다고 주장하기도 하고, 수건을 쓰는 것은 잘못이라고 주장하는 파도 있다. 사실 이상수(위트리스리)의 呼咸派(이단)와는 다르다. 호함파는 이상수가 예수라는 것이며 성경도 따로 만들어 사용한다. 그는 워치만 니 계열이나 이단이 되었다. 한국에서는 복음서원을 통하여 서적을 출판하여 보급한다.

기타 해외교회나 선교사에 의하여 조직된 소규모의 독립 가정교회들이 활동하고 있다. 또한 가정교회 내에도 최근에는 목사의 직분을 받은 사역자들도 생겨나고 있다.

결론적으로 '우리는 어떤 단체와 사역을 할 것인가'가 관건이라고 생각한다. 또한 사역자들이 어떻게 중국가정교회를 돕고 참여해야 하는지를 좀더 연구해야 하며 주님의 인도를 받아 협력과 섬김으로 중국교회가 건강하고 선교적 교회가 되도록 해야 한다.

참고로 가정교회와 협력하기 위해 그들이 요구하는 관문을 통과해야 한다. 가정교회 지도자들은 선교사들에게 "생명이 있느냐? 예수에 대해 어떻게 생각하느냐? 교회의 정의-삼자교회에 대해 어떻게 생각하느냐"를 묻고 시험한다. 그 시험에 통과해야 교제하고 협력한다.

이 자료는 2003년 9월 18일 목동제자들교회에서 개최된 중국선교세미나에서 박화목 선교사가 강의한 것을 인보라님께서 정리한 것이다.

전환점으로서 천안문 사태

1980년과 90년 사이의 천안문 사태 이후 중국 청년들과 학생들은 기독교 신아에 대한 전례 없는 관심을 보이고 개종하였다. 1990년 홍콩의 친공산주의 신문인 〈문회보〉에 따르면 기독교로 개종하는 청년들의 수는 나날이 증가하고 있으며 가장 큰 교회 중의 하나가 그들을 수용하기 위해 매주 청년 모임을 따로 개설했다고 한다.

　그 한 예로 1990년 7월 하남에서 온 편지에 따르면 한 가정 교회당 100명 이상의 성도들이 있으며 그중 40%가 청년들로 대부분이 성령으로 충만하고 방언을 하는 자도 있고 치유와 설교의 은사를 받은자도 있다. 화요일 성경 공부반, 목요일에는 기도모임을 개설했다고 했다.

　개혁과 개방이후 가정교회는 중보기도, 복음방송, 해외의 문서, 전문인 사역 등의 형태로 많은 지원을 받으며 성장해 왔다. 박해 속에서도 하나님의 은혜와 성령의 역사 가운데 가정교회는 생존하고 자라나고 독특하게 중국 상황에 맞는 그 자신만의 복음 사역과 목회 사역을 개발시켜왔던 것이다. '시온성과 같은 교회 그의 영광 한 없다' 는 찬송 처럼 말이다.

1 가정교회의 예배

가정교회는 예배 공동체이다.

　만약 예배가 없다면 그 모임은 세상의 기타 모임과 무엇이 다르겠는가?
　예배의 순서는 지역마다 조금씩 다르나 찬송-기도-찬송 기도를 반복하다가 말씀을 선포하고 혹은 일주일의 삶을 나누는 간증의 시간을 갖고 찬송과 기도 후에 주기도문으로 폐회한다.
　예배의 찬송이나 성례문제 등은 아래 항목에서 다루려고 한다.
　문제는 가정교회는 비합법적인 교회이므로 공개적으로 모임을 갖지 못하고 긴장 가운데서 가정이나 창고 등에서 모임을 갖는 것이다.
　그러나 가정교회의 영광스러움은 그 규모나 외형의 건물에 있지 않고 교회의 머리되신 예수님의 영광스러움으로 인하여 그 교회도 영광스러운 교회이다.

필자는 칠년 동안 이 가정 교회를 섬기면서 경험한 것들을 여기에 나누려고 한다.

성도가 있는 곳에 교회가 있고 교회가 있는 곳에 생명운동이 일어난다. 어느 지역에 가든지 성도는 교회와 연결되어야 살고 교회 안에서 힘을 얻고 교회 중심으로 살아야 정상적인 신앙 생활이 되는 것이다.

이것은 목회자나 직분자도 예외가 아니다. 사실 선교지에서 초기 1년동안은 사역자끼리 모임을 가진다. 그러나 회중 예배가 주는 영광스러움을 느낄수 없었다. 그러던 중에 하나님이 가정교회를 인도해 주셨고 지금까지 섬기면서 은혜를 받고 있다.

특히 목회자의 입장에서는 고 박윤선 박사님 말씀처럼 강단을 잃어버린 사역자는 불행하다. 왜냐하면 목회자는 말씀을 준비하고 전하면서 은혜를 받는 독특한 존재이기 때문이다. 하나님은 이것을 아시고 부족한 종에게 가정교회 강단을 허락해 주셨고 지금까지 섬겨오고 있는 것이다.

가정교회의 설교

초대교회 성도들은 모일 때마다 사도의 가르침을 받고, 교제하며 떡을 떼고 흩어져 전도하는 생활을 했다. 그 중에 중요한 부분은 〈사도의 가르침〉을 받은 것이다.

설교는 예배 가운데 중요한 부분 중의 하나이다. 하나님의 말씀을 풀어 해석한 것을 듣는 시간이다. 그러기에 공적 예배시에 설교하는 자는 그 책임이 중대하다.

1. 가정교회에서는 간증(찌엔정)이 주류를 이루고 있다.

모일 때마다 돌아가면서 말씀을 읽고 은혜 받은 말씀을 나눈다. 그래서 전문 교육을 받은 자가 거의 없기 때문에 성경을 신학적, 문법적, 역사적으로 해석을 할 사람이 드물다. 그래서 그들은 평균 예배시간이 2시간반 쯤 되는 가운데 말씀 나누는 시간이 한 시간 반 가량 되는데, 돌아가면서 본문 말씀을 자기가 은혜되고 깨달아지는 말씀을 나누는 것이다.

문제는 이 찌엔정이 바르게 해석되고 적용된 간증이면 얼마나 좋을까?

그러나 틀리게 본문을 해석하고 적용하게 되면 그 자리에서 "그것은 틀린 해석이오"하고 교정 할 자가 없는 것이다. 또 하나 중국인은 체면과 입장을 매우 중시한다. 소위 〈게이 미엔즈〉라는 것이데 그래서 그냥 그냥 넘어가 버린다. 만의 하나 새 신자가 와서 그 말씀을 듣고 그렇게 받아들이고 생각하여 자신의 신앙에 적용할 경우 이후에 문제가 터지지 않을까 걱정이 되는 것이다.

가정교회는 숫자가 적은 소 그룹 모임이므로 마치 수련회에 가서 학생들이 둘러 앉아 묵상한 말씀을 나누는 것과 같다고 할 수 있다. 이런 모임의 약점은 위에서 말한 대로 즉흥적이요 깊은 신학적 배경이 약한 상태에서 나누는 말씀이므로 다분히 주관적이다. 그러나 장점도 없지 않다. 일방적으로 앉아 듣기만 하는 예배가 아니라 자기의 받은 은혜로운 말씀을 나누므로 기억에 오래 남고 나름대로 미리 준비함으로 오는 유익도 있다. 그래서 가정교회 지도자들은 따로 신학을 정식으로 교육 받지 못했으나, 가르침의 은사가 있는 분은 상당한 정도까지 수준이 향상되어 있는 것을 볼 수 있다.

2. 우리 말 성경에 설교란 말은 성경에 나오지 않는다. 단지 〈강론〉으로 나온다.

중국어 성경에는 〈지앙 따오〉 즉 강도(말씀을 강의함) 란 말이 나온다.

한국의 모 신학교에서는 신학대학원을 졸업하면 강도사 자격증을 주는 신학교가 있다. 사실 이 〈강도〉란 표현은 중국어 성경에서 자주 나오는 말이다.

그러나 중국에는 강도사란 명칭은 교회 안에서 사용되지 않고 있는데 한국교회에서는 사용되고 있다.

그래서 가정교회 인도자가 말씀을 나누는 것을 〈편 시앙〉이라고 하는데, 이는 함께 말씀 골고루 나눈다는 의미이다. 그렇다! 설교자가 설교하는 것은 하늘 양식을 나누는 것이다.

왜냐하면 사람은 떡으로만 사는 것이 아니요 하나님의 입에서 나오는 모든 말씀으로 사는 것이기 때문이다. 그러나 현재 육적으로 굶주린 자보다 영적으로 굶주린 자가 더 많다.

가정교회를 돕는 방법 중에 하나가 말씀을 나누는 자들이 볼 신학서적과 주석 그리고 재료들을 공급해 주는 것이다. 그래서 문서 선교의 필요를 절실하게 느낀다.

나는 미국선교사님 한분을 알고 있다.

그는 한국에서 30년 가량 사역하셨으나 한국어를 잘 하지 못하시었다.

그러나 그가 끼친 영향은 너무나 컸다고 생각한다. 왜냐하면 그가 도서관장으로 신학도서를 공급해 주었고 서점을 경영하여 50% 혜택을 주어 싸게 공급한 것이다. 그 결과 많은 신학생들이 그 책을 읽고 공부함으로 큰 도움을 얻었던 것이다.

3. 중국어 성경(고전 14장 1절)

'신령한 것을 사모하되 특별히 예언을 하려고 하라'에서 우리말로 〈예언〉으로 번역된 부분을 〈강도·지앙 따오〉로 번역했다는 사실이다. 다시 말해 성경 번역자의 신학적 입장이 번역속에 스며든 중요한 예라고 하겠다. 사실 바울 서신에서 특히 고린도전후서에서 자주 나오는 이 예언이란 의미가 무엇을 뜻하는가? 어떤이는 미래의 일어날 일을 그야말로 예언하는 것만으로 생각한다. 그러나 여기서 예언의 은사를 사모하라는 것은 〈지앙 따오〉 즉 '말씀을 잘 나누는 것을 사모하라' 는 의미이다. 그래서 중국어 성경 번역자들이 아예 〈강도〉라고 번역해 놓은 것이다.

4. 한 설교집 분석(길, 진리, 생명을 중심으로)

요한복음 14장 1절에서 6절을 중심으로 '아버지 하나님께로 가는 유일한 길' 이란 제목으로 기도함으로 시작한 설교이다.

먼저 주님은 제자들을 위하여 처소를 예비하러 아버지 집으로 가셨다.

주님은 제자들과 최후의 만찬을 거행하시면서 자기가 떠나가실 것을 말씀하시었다.

그러자 제자들은 걱정과 슬픔에 빠졌다. 삼년동안 배와 그물 다버리고 주님을 따랐는데 이제 주님이 떠나가시다니....

이것을 아신 주님께서 그들을 위로하시었다. 빈말로 위로한 것이 아니라 굉장히 영화로운 약속으로 위로하시었다. 그 위로의 말씀의 주제가 바로 〈내 아버지 집〉이었다.

아버지 집은 삼위 하나님이 함께 거하시는 곳이다. 거기에서 삼위일체 하나님의 완전히 하나되며, 절대적으로 하나됨을 볼 수 있다. 그곳은 화목의 나라이며 사랑의 나라인데 말로 다 형용하기 어려운 곳이다. 그런데 우리 주님이 말씀하시기를 "내 아버지

집에는 거할 곳이 많도다"라고 하셨다. 거기는 삼위 하나님이 거하시는 곳이지만 거처가 많은 곳이다. 그 아버지 집에는 개별적인 방이 많은 것이 아니라, 아파트처럼 한 집에 방이 여러개가 있는 곳이다.

왜냐하면 하나님 아버지 집은 '대 가족이 모여 사는 집' 같은 곳이기 때문이다.

그곳은 원래 삼위 하나님이 거처하는 곳이지만 하나님의 사랑하심으로 그를 믿는 자를 그의 자녀가 되게 하시고, 그 곳으로 데려가시는 것이다.

이 일을 위해 우리의 주님께서 세상에 오시고 잃어버린자를 찾으셨다.

그는 세상에 계실 때 하나님 아버지의 뜻을 우리에게 전하실 뿐 아니라, 우리를 대신하사 십자가에 못박혀 죽으시고 부활하심으로 우리의 구원을 완성하시었다.

둘째 제자들이 거할 곳은 바로 우리를 위해 예비하신 장소이다.

지금도 예수님은 하나님 우편에서 우리의 제사장으로 쉬지 않고 기도하고 계신다.

또 그는 보혜사 성령을 보내사 신자의 마음 속에 거하게 하시었다. 다시말해 예수님은 하나님 보좌 우편에서 기도하시고, 성령님은 우리 마음 가운데서 역사하시는 것이다.

왜냐하면 우리가 아는바 대로 아버지의 집은 물질적인 것이 아니고 영적인 집이다. 그러므로 그가 우리를 위해 예비한 것은 물질적인 것이 아니다.

　셋째 주 예수님은 아버지 집으로 가는 길이 되신다.

　'가서 너희를 위하여 처소를 예비하면 내가 다시 와서 너희를 내게로 영접하여 나 있는 곳에 너희도 있게 하리라 내가 가는 곳에 그 길을 너희가 알리라'

　여기에서 '안다' 는 원문의 의미는 객관적으로, 외적으로 안다는 것이 아니고 주관적으로, 영적으로 안다는 의미이다(오이다테). 세상 사람은 모르는데 너희는 안다는 것이다. 그런데 안타깝게도 '도마가 가로되 주여 어디로 가시는지 우리가 알지 못하거늘 그 길을 우리가 어찌 알 수 있습니까?' 라고 물었다. 이 질문은 당시의 제자들이 아직도 육체 가운데 거하고, 영적인 가운데 살지 못했기 때문에 나온 것이다. 만약 그들이 영적인 삶을 살았다면 마땅히 알았을 것이다.

　그 때 주님은 "내가 곧 길이요, 진리요, 생명이니 나로 말미암지 않고는 아버지께로 올자가 없느니라(요14:6)"고 가르쳐 주셨다.

　우리가 어느 곳을 가기 위해 그 길을 안다면 우리는 갈 수 있는 것이다. 그러나 반대로 가는 길을 모르면 못가는 것이다. 가야 할 길을 안다는 것은 가야 할 목적지를 정했다는 것이다.

　우리의 목적지는 어디인가?

　넷째 인생의 목적은 영원하신 아버지이다.

　예수님이 말씀하시기를 "나로 말미암지 않고는 아버지께로 올자가 없느니라"

형제 자매 여러분 인생의 목적은 어디에 있는가?

이 세상은 나그네와 같이 잠깐 거류하다 지나가는 곳이다.

어떤이는 10년, 어떤이는 60년-70년 건강하면 조금더 머물다 가 간다.

그러나 이 모든 날이 어떠한가? 전도서 3장 11절에 '하나님이 모든 것을 지으시되 때를 따라 아름답게 하셨고 또 사람에게 영원을 사모하는 마음을 주셨느니라' 고 했다.

하나님이 지으신 모든 만물은 그 정한 시기가 있다. 때가 되면 다 지나가는 것들이다.

마치 화분에 심어 놓은 한 송이 꽃과 같이 자라서 꽃이 피지만 얼마 안가 시들어 버리는 것과 같은 것이다.

우리 인생은 100년을 산다해도 참 만족을 누리지 못한다.

왜냐하면 하나님이 우리를 지으실 때 잠깐 살 존재로 만드신 것이 아니라, 영원히 살 존재로 만드셨으므로 영원을 사모하는 마음이 있는 것이다. 그러므로 우리의 목적은 이생에 있는 것이 아니고 영원한 아버지집에 있는 것이다.

그 아버지집에 가는 유일한 길은 예수님이시다.

5. 토털 스크립뚤라의 과제

이상의 소개한 한 편의 설교로 가정교회의 설교를 다 논하기는 어렵다.

그러나 이 설교를 중심으로 분석을 해 본다면 다음과 같이 생각해 볼수 있다.

먼저 본문을 앞뒤 문맥을 고려한 흔적이 보인다.

요한복음 14장은 12장의 향유사건을 통해 그의 죽으심을 예시하시고 또 한 알의 밀로서 죽으실 것을 재차 예언하시고 13장에서 제자들의 발을 씻겨 주시고 유다각 배반하고 팔아 버릴 것을 예언하셨다. 이쯤 되니 제자들이 수심과 걱정, 불안하기 시작했다. 이 때 주님이 너희는 마음에 근심하지 말라고 위로하기 시작하신 것이다.

다음으로 이 설교는 나름대로 원문의 의미를 살핀 흔적이 보인다.

거할 처소가 개별적인 방이 아니라 〈대 가족이 함께 모여 사는 큰 집의 수 많은 방〉개념으로 설명한 것은 그 하나의 예이며 또 안다는 말의 의미도 그러하다.

아마 전문적인 신학교육을 받아서이거나 아니면 주석의 설명을 참고한 것이리라고 생각한다.

마지막으로 나름대로 본문 중심의 설교를 하려고 힘쓴 면이 보인다.

본문에서 제목을 찾고, 본문에서 대지를 찾아 설교를 풀어간 것이다.

문제는 아버지집을 이야기 하면서 갑자기 삼위 하나님의 거처임을 설명한 것은 무리한 적용이라 느껴진다. 예를 들어 마태 28장 19-20절을 설교 할 때라든지 고후 13장 13절 부분에서 삼위

하나님의 진리를 설명하는 것이 더 자연스럽지 않을까 하는 생각이 든다.

중국 가정교회 신학의 핵심적이 사상이 이 설교에서도 나타났는데 하나님의 집, 천국에 대한 개념이 영적인 면만 강조되고 물질적인 곳이 아니라는 해석이다.

물론 모든 성도가 그렇게 믿지는 않을 것이다. 그러나 적어도 이 설교자는 그런 시각과 신학을 가지고 있음이 드러난다.

그러나 우리가 들어갈 아버지의 나라, 하나님의 나라는 영적이면서 물질적인 완전한 나라이다.

그 나라에는 생명수 강이 흐르는 안식의 나라요 성령 안에서 의와 평강과 희락의 나라이다.

그 나라는 온갖 과실이 주렁 주렁 맺히는 나라이다.

만약 영적인 나라만을 강조하면 균형을 잃어버리는 결과가 되고 말 것이다.

우리는 그 나라에서 주님과 함께 포도나무에서 난 즙으로 주님의 그 구속의 은혜를 감사하며 성찬을 할 것이며, 24장로와 천만 성도 함께 삼위 하나님을 찬송할 것이다. 그 때 우리의 육체는 완전히 영광스런 몸으로 변화하여 영원토록 그 분으로 인하여 기쁨 가운데 거할 것이다. 결국 가정 교회 설교자가 설교 할 때 성경을 전체적으로(토털 스크립툴라), 통시적으로, 체계적으로 설교할 수 있도록 직접 간접으로 도와 주어야 할 것이다.

동시에 예배신학의 바른 관점을 아래와 같이 가르쳐야 할 것이다.

예배신학

히브리서의 저자는 독자들에게 권면하기를 '모이기를 폐하지 말고 오직 그 날이 가까움을 볼수록 더욱 모이기를 힘쓰라'(히 10:25)고 했다. 이런 집회의 방식은 바로 예배로서 당연히 제일 좋은 명칭은 아마 전체적으로 드리는 예배일 것이다. 이것은 단체로 드리는 예배로서 이 단체는 바로 예수그리스도의 몸인 것이다. 교회의 영광은 예배를 통해서 가장 잘 나타나는데, 예배의 본질을 설명함으로서 더욱 그 사실이 명백하게 드러 날 것이다.

1. 하나님을 만나는 것으로서의 예배

구약시대 회막을 칭하여 〈장막 집회〉라고 했는데 하나님의 백성들이 거기에서 피차 서로 만날 뿐 아니라, 하나 더 중요한 이유를 하나님이 말씀하시기를 "내가 거기서 이스라엘 자손을 만나리니 내 영광을 인하여 회막이 거룩하게 될찌라"(출29:43)고 하신 것에 있다. 하나님과 그의 백성이 거기에서 서로 만나는 것이다.
주 예수님이 말씀하시기를 "두 세 사람이 내 이름으로 모인 곳에는 나도 그들 중에 있느니라"(마18:20)하시면서 제자들의 집회에 대하여 말씀하시었다.
실제적으로 말하면 신약시대 하나님의 백성은 구약시대 하나님의 백성보다 더 하나님께 가까이 나아갈 수 있게 되었다. 왜냐하면 회막과 성정에서는 하나님께서 지성소에 거하시므로 오직 일년에 한 차례씩 대속죄일에만 단지 대제사장만 거기에 들어 갈 수 있었기 때문이다. 예수님께서 골고다에서 십자가에 못 박혀 죽으실 때, 성소와 지성소 사이의 휘장이 위에서부터 아래로 찢어져 내렸다(마 27:51). 이것은 예수님의 피흘려 대속해 주신 사건으로 말미암아 그 때 이후로 모든 신자는 언제 어디서든지 이스라엘의 거룩하신 자 앞에 담대히 나아갈 수 있게 되었던 것이다.

성경에서 말씀하는 대중 예배의 관념은 얼마나 고귀한가? 하나님의 백성이 집단으로 예배할 때 그들은 하나님이 거하시는 곳에 들어가 하나님과 그들이 서로 만나고 하나님과 대면하게 되므로 그 예배를 통해 하나님과 그들이 친밀한 관계가 되는 것이다.

교회가 만약 이 진리를 철저히 깨닫는다면 예배가 얼마나 존귀한 것인가를 이해하는 것이다. 그러므로 결코 예배를 경솔히 하거나 소홀히 할 수 없는 것이다. 예배 드리는 자는 마땅히 야곱이 벧엘에서 했던 말처럼 "두렵도다. 이곳이여 다른 것이 아니라 이는 하나님의 전이요 이는 하늘의 문이로다(창28:17)"라고 해야 한다. 예배 드리는 자는 모세가 마치 호렙산의 불 붙은 떨기 나무에서 들은 하나님의 음성 "네 선 곳은 거룩한 땅이니 네 발의 신을 벗으라"(출 3:5)는 것과 같다.

집단 예배는 하나님과 그의 백성이 만나는 것이므로 두 가지를 피할 수 없다. 먼저 성경을 읽고 하나님의 말씀을 전하고 축복하는 것이다. 역시 하나님께서 우리에게 하시는 말씀으로 공경하며 예배를 드려야 한다. 그 다음은 찬송과 기도와 봉헌으로 거룩하고 경건한 마음으로 하나님께서 우리에게 하시는 말씀에 응답해야 한다. 하나님의 백성이 예배드리는 것은 설교만 듣는 것이 아니라 우리가 하나님께 응답하고 반응해야 하는 것이다.

위대하시고 존귀하신 하나님께서 자기를 낮추시어 우리와 교제해 주시니 이것이야 말로 얼마나 놀라운 교회의 영광인가? 또 우리가 하나님과 교통하게 된 것은 얼마나 놀라운 특권인가?

2. 하나님으로부터 말미암은 예배

예배는 하나님으로부터 시작된 것이지 인간으로부터 시작된 것이 아니다. 하나님을 참으로 예배하는 마음은 성령께서 인간의 마음에 조성하신 것이다. 만약 하나님께서 인간의 마음을 거듭나게 하지 않으셨다면 인간은 하나님을 등지고 떠나서 마치 사람들이 많이 만들어 섬기는 것처럼 우상을 섬기게 될 것이다. 왜냐하면 우리의 마음은 어두워져 참 하나님을 섬기지 못하게 되기 때문이다(시 86:10). 만약 하나님이 먼저 인생을 불러주지 않으셨다면 아무도 참 하나님을 찾을 수가 없는 것이다.

예배의 한 순서 한 순서가 모두 하나님께서 불러 일으켜 주시는 것이다. 하나님께서 그의 백성에게 그를 경배하도록 분부하시고 순복하게 하시었다. 그래서 하나님의 백성은 하나님을 사랑하게 되는데 이유는 하나님이 그의 백성을 사랑하시기 때문이다.

그의 백성은 그를 찬미하는데 그 이유는 하나님께서 일체의 모든 것을 주시기 때문이다. 하나님의 백성은 하나님이 행하신 모든 것을 찬송한다. 우리가 예배드릴 때 한 동작 한 동작이 모두 그의 계시에 대한 반응이다. 그 앞에서 우리가 하는 한 마디 한 마디가 모두 그의 말씀의 응답인 것이다. 잊지 말아야 할 것은 하나님께서 우리에게 하시는 말씀은 우리가 하나님께 드리는 말보다 더욱 중요하다는 사실이다.

만약 하나님께서 친히 우리를 가르쳐 주시지 않으시면 우리가 어떻게 위대하시고 거룩하신 그 하나님을 예배해야 할찌 알 수가 없는 것이다. 만약 우리가 자기의 생각대로 하나님이 기뻐하실 것을 찾을 수 있다고 한다면 우리가 하나님과 동등한 지위가 되는 것이다. 그러나 그는 하나님이시요 사람이 아니시므로 우리는 단지 계시에 의존하여 그를 알 뿐이다. 그럼에도 불구하고 사람은 하나님을 다 이해하지 못한다. 왜냐하면 유한한 존재가 무한하신 분을 다 이해할 수 없기 때문이다. 그러므로 사람이 만약 자기가 발명한 방법으로 하나님을 경배한다면 그것은 참람한 짓일 분이다. 피조물은 절대로 창조주가 정하신 방법 이외의 것으로는 조물주 하나님을 경배할 수 없는 것이다.

그러므로 일반 예배나 집단 예배의 내용이 오직 성경이 적극적으로 허락한 방법으로 예배의 순서에 사용할 수 있다. 이것이 성경의 원칙인데 즉 10계명 중 제 2계명에 밝히 말해 주고 있는 것이다(출 20:4-6). 제 1계명에서 금지하고 있는 것은 거짓 신을 경배해서는 안된다는 것이다. 제 2계명에서 금지하고 있는 것은 우리가 정당하지 못한 방법으로 하나님을 경배해서는 안된다는 말이다. 주 예수님께서 당시의 서기관과 바리새인에게 "사람의 계명으로 교훈을 삼아 가르치니 나를 헛되이 경배하는도다"(막 7:7)라고 말씀하셨다. 이상에서 말한 원칙은 집단 예배의 내용 가운데 오직 하나님이 정하신 부분만이 그 지위를 가진다는 것이다. 또 집단 예배의 본질은 하나님으로부터 말미암는다는 것을 강조하는 것이다.

3. 경배의 대상

부인할 수 없는 것은 하나님의 백성들이 어떤 때는 경배의 동기가 불순하다는 점이다.

그들은 종종 자기 중심적으로 예배를 드리고 하나님 중심적이 아닐 때가 있다. 이런 경배는 자기를 경배하는 것으로서 하나님이 보실 때에 가증한 것이다.

예배를 곡해하게 되면 문제가 심각한 것으로 본말이 전도된 것이요 주객이 전도되는 것이다. 크리스천이 교회에 와서 성도와 교제만 해서 안되고, 가장 중요한 하나님과 교제해야 하는 것이다. 예배 드릴 때 죄인들이 성경 말씀을 듣고 구원 얻으며 이것이 하나님께 영광을 돌리는 것이다. 죄인이 교회에 가서 믿음과 소망과 사랑 안에서 성장해 가는 것은 좋은 일이다. 그러나 이것 역시 예배의 최고 목적인 하나님을 영화롭게 하는 한 과정일 뿐이다.

집단 예배를 드릴 때 반드시 하나님을 대상으로 예배해야 하며 인간의 행복을 추구하기 위해 해서는 안되고 하나님의 영광을 추구해야 한다. 인간의 행복이 전제된 기도는 어떤 경우에 가능한가? 그것은 오직 하나님의 영광을 전제한 상태에서 가능한 것이다.

기독교인이 하는 모든 일들은 모두 하나님의 영광을 위해서 해야 한다. 심지어 먹고 마시는 것 까지도 포함된다(고전 10:31). 그러나 무엇을 하든지 교회에 와서 예배를 직접 드리는 것에 비할 것이 없고 공적 예배보다 더 급한 일이 있을 수 없다. 공적 예배 시간에는 바로 하나님 앞에 나와 예배드려야 한다. 집단 예배를 드릴 때 더욱 하나님의 거룩과 위엄을 느끼므로 우리는 공적 기도를 드릴 때 '하늘에 계신 우리 아버지여 이름이 거룩히 여김을 받으시오며 나라이 임하옵시며 뜻이 하늘에서 이루어 진 것 같이 땅에서도 이루어지이다' (마 6:9-10)라고 하는 것이다. 교회의 예배는 본질에 있어서 숭고한 것이며 예배의 성질도 숭고한 것이다.

다음의 예배의 다섯 가지 특성을 소개하려고 한다.

1) 겸손히 드리는 예배

집단 예배를 드릴 때는 하나님과 하나님의 백성이 만나는 것인데 '지존 무상하며 영원히 거하며 거룩하다 이름하는 자' (사 57:15)의 면전인 것이다. 그러므로 피조물은 그 앞에서 철저히 겸비해야 하는 것이다.

경배 드리는 자가 알아야 할 것은 자기는 하나님 앞에 가까이 나갈 자격이 없는 자이므로 오직 중보자 예수 그리스도를 통하여 비로소 하나님 앞에 나아갈 수 있다는 점이다. 주 예수님이 친히 말씀하시기를 "내가 곧 길이요, 진리요, 생명이니 나로 말미암지 않고는 아버지께로 올자가 없느니라"(요 14:6)고 하시지 않으셨던가? 자기의 그 무엇을 의지하여 하나님 앞에 나아가면 오직 하나님은 소멸하는 불이심을 발견하게 될 것이다.

예배자는 예수님의 풍성하신 은혜가 아니고는 하나님 면전에 나아갈 수 없고 주님이 말씀하신대로 가지가 포도나무를 떠나서는 열매를 맺을 수 없는 것처럼 열매를 맺으려면 반드시 참포도나무이신 예수님을 의지해야만 한다. "너희가 나를 떠나서는 아무것도 할 수 없음이라(요 15:4-5)"

예배자는 응당 자기가 알고 지은 죄와 모르고 지은 죄로 인하여 그 영광의 손해를 끼쳐 하나님께 합당한 예배를 드릴수 없음을 알아야 한다. 오직 예수그리스도의 은혜로 예배할 수 있음을 알아야 한다. 자신의 의는 마치 더러운 옷 같은 것이다(사 64:6). 예배자는 대제사장 예수 그리스도의 희생과 중보기도로 인하여 정결하게 되고 완전케 되는 것이다.

2) 연합하여 드리는 예배

회중이 드리는 예배는 그저 몇 사람이 개인적으로 집회를 갖는 것이 아니고 전체적으로 집회를 모이는 것이다. 교우들이 전부

같이 찬송하고 기도하고 하나님의 말씀을 듣고 한 마음으로 봉헌하고 동일한 축복을 받는 것이다. 그들 모두 성령의 인도하심에 따라 모든 순서를 감당하는 것이다. 교회에는 이런 연합적인 공적 예배가 필수적이다.

비록 사정상 하나님의 자녀들이 여러 지역에 분산해서 살고 있다해도 진실한 참 교회는 성경이 요구하는 대로 모두 충성스럽고 경건한 태도를 유일하신 참 하나님께 나아와 경배해야 한다. 또 보편교회는 연합하여 경배 드려야 한다. 아시아 유럽 미주 그리고 오세아니아주 아프리카 모두 이 사도신경으로 일치된 공통된 신앙을 고백하는 것이다.

21세기 교회와 과거의 몇 세기 교회는 주기도문 안에서 연합되어 왔고, 신약시대 교회와 구약시대 교회는 찬송으로 연합되어 왔다.

3) 신령과 진정으로 드리는 예배

사마리아 여인이 공적 예배의 합당한 장소에 대해서 예수님께 여쭈면서 '유대인의 성지인 시온산이냐 아니면 사마리아인의 성지인 그리심산이냐' 고 하자 예수님은 "아버지께 참으로 예배하는 자들은 신령과 진정으로 예배 할 때가 오나니 곧 이 때라 아버지께서는 이렇게 자기에게 예배하는 자들을 찾으시느니라 하나님은 영이시니 예배하는 자가 신령과 진정으로 예배할찌니라"(요 4:23-24)고 했다. 여기서 '신령' 이란 말은 예배자의 신령을 말하는 것으로 바울이 로마서 1장 9절에 '내가 그 아들의 복음 안에서 내 심령으로 섬기는 하나님이'(롬1:9)란 표현의 심령이란 말과 같은 말이다. 즉 성령께서 주장하시는 마음으로 와서 경배드릴 때 진정한 예배가 된다는 말이다.

'진정'이란 말은 신약의 예배와 구약의 제사와 절기를 대조할 수 있는데 영적으로 일치하는 것이다. 그러므로 신령과 진정으로 드리는 예배는 구약의 제사나 신약 예배 모두 하나가 되는 것이다. 예수님이 실제로 말씀하시기를 하나님은 영이시니 예배하는 자가 영적으로 예배를 드려야하며, 영적으로 드리는 예배만이 진정한 예배라는 것이다.

이것은 주님이 결코 공적 예배가 잘못된 것이라고 하신 것이 아니다.

우리는 하늘에서 드리는 예배가 어떤 예배를 드리는 것인지 상상할 방법이 없다.

그러나 우리가 확실히 아는 것은 시공간의 제한을 받는 세상에서 있는 동안 모종의 순서를 따라 예배 드릴 수 밖에 없다. 주님께서 일종의 방식을 정해 주시었는데 바로 성찬 예식을 통해 그의 죽으심을 기념하는 것이다. 그러므로 모든 형식주의의 예배는 부당한 것이다. 상투적인 예배의식은 지양해야 할 것이다. 주께서 선지자 이사야의 말한 바 처럼 엄히 꾸짖으시기를 "이 백성들이 입술로는 나를 공경하되 마음은 내게서 멀도다"(사 29:13, 마 15:8)고 말씀 하셨다.

반대로 영적 예배가 하나님을 대단히 영화롭게 한다. 왜냐하면 이런 예배는 그가 참 신이심을 고백하기 때문이다. 인간적인 측면에서 이 예배를 드리는 일보다 하나님을 더 영화롭게 하는 일은 없으며 이것이야 말로 참 교회가 드릴 예배인 것이다.

4) 성령 안에서 자연스러운 예배

집단 예배의 또 하나의 성격은 '성령 안에서 자연스러운 예배'란 점이다.

예배가 영적일수록 더 자연스럽다. 예배의 자연스러움은 마치 다른 일에 자연스러움과 같다. 그러나 율법 아래서는 하나님께 관련된 율법과 인간에 관련된 율법 사이에 좀 구분이 있는데, 중요한 것은 하나님의 율법이 자유의 법이란 사실이다(야고보 1:25, 2:12). 하나님이 이 율법을 사람에게 주실 때 결코 사람의 자유를 제한하려고 주신 것이 아니라, 풍성한 자유를 누리라고 주신 것이다. 하나님의 계명을 배반하면 죄의 노예가 되지만 하나님의 율법을 순종하면 참으로 자유하게 된다. 반대로 만약 사람의 법이 만약 하나님의 법에 근거하지 않으면 분명히 자유를 파손시키게 된다. 한면으로 집단 예배가 의의가 있는 것은 참으로 자연스러운 예배를 드리려고 한다면 반드시 엄격히 하나님의 말씀의 규정을 준수해야 한다.

다른 한면으로 예배가 만약 사람의 유전이나 규칙으로 제한을 받게 되면 진정한 예배의 자유스러움이 없어지는 것이다.

만약 예배가 자유스러우려면 예배자는 반드시 하나님의 율법을 합당하게 사용하는 범위 안에서 해야 한다. 하나님을 마음 속으로 사랑하는 사람이 와서 예배 드릴 때 그 예배가 참으로 자유로운 예배가 될 것이다. 오직 하나님 경배하기를 마음으로 즐거워 하는 자가 와서 예배드릴 때 비로소 자유의 영이신 성령의 통제를 받게될 것이다.

5) 영광스럽고 아름다운 예배

성경에서 자주 언급하는 것은 하나님의 백성이 거룩하게 해서 하나님을 영화롭게 해야 한다고 가르친다. 구약시대 성소와 그 안에 장식은 하나님이 모세에게 지시하신 양식을 따라 만들어졌고 그것은 영광스러운 것이었다(민 8:4). 그러므로 제사장의 의복, 특히 대제사장의 의복은 영광스러운 것이었다. 신약시대도 마찬가지인데 예배 장소의 준비와 거기에 필요한 물건 모두가 아름다운 것들이다.

그러나 공적 예배를 드릴 때 하나님을 영화롭게 하는데 방해되거나 경배를 손상시키는 물건은 모두 치워야 한다. 세상에서 아름답게 여기는 물건이라 할찌라도 하나님의 전에 어울리는 것은 아니다. 우상 숭배나 제 2계명을 위반하는 물건들은 모두 제거해야 한다. 예배당이 단순하고 장엄하면 그런 곳이 예배장소로 적합하다.

그러나 오늘날 공적으로 예배드리는 곳이 그리 중요하지 않다. 이전에 교회가 비록 카타콤(지하 무덤)에서 예배드려도 하나님이 받아 주시었다. 중요한 것은 공적 예배의 영광스러움의 여부는 성경의 가르침과 일치하느냐 안하느냐에 달려 있는데 성경에 부합한 예배라면 영광스럽고 아름다운 예배인 것이다.

경외의 마음과 거룩한 마음으로 중생한 성도가 감사로 예배를 드리는 것은 그 아들 예수님께서 값없이 주신 은혜 때문이다. 이렇게 감사한 마음으로 드리는 예배가 영광스럽고 아름다운 예배이다. 만약 예배드릴 때 겸손한 마음으로 말씀의 가르침을 받고 담대히 하나님의 보좌 앞에 나아간다면, 이 예배는 영광스러운 예배이다. 간단히 말하면 예배의 영광스러움은 거룩에의 반영인 것이다.

2

가정교회의 찬송

가정 교회에서 사용하는 찬송은 출판사나 편집자가 대부분 없는 것이다.

아마 그것은 가정교회 역사와 생리를 말해주는 것이기도 하다.

필자가 본 경우 현재 주로 사용하는 것은 〈시가 300수〉나 〈시가〉 혹은 시편 그리고 가나안 찬미를 주로 쓰고 있다.

1. 시가 300수

1) 목록별 분류

이 찬송가는 7개의 목록으로 크게 구분 되어 있다.

찬송(1-28), 구원의 은혜(29-82), 소망(83-101), 생명의 길 (102-186), 교회(187-200), 영적교제(201-231), 성경 본문 노래 (232-300) 등으로 분류되어 있다.

첫부분인 찬송 부분은 삼위일체 하나님께 영광을 돌리는 것들로 편성되어 있다.

우리나라의 통일 찬송의 경우는 예배부분이 1장에서 72장까지로 먼저 나온뒤 성부성자 성령에 관련된 찬송이 다시 73장에서 181장까지로 되어 있다.

어쨌던 찬송의 편성 자체가 삼위 하나님을 먼저 찬송하는 것으로 편집된 것은 편집자가 이미 예배학적, 신학적 의도를 가지고 편집한 것이 틀림 없다.

우리 찬송은 '만복의 근원 하나님 온 백성 찬송드리고 저 천사여 찬송하세 성부 성자 성령 아멘' 이다. 그러나 시가 300수의 첫 부분은 번역하면 다음과 같이 시작된다.

오! 천만의 혀들이여 다와서 찬양하세
찬미하세 구세주의 거룩하신 이름을
찬미하세 구세주의 거룩하신 이름을
찬미하세 내하나님 내 주의 영광을
오 나의 하나님 나의 자비로운 주님
간절히 구하노니 나에게 힘을 주사
하늘과 바다 끝까지 널리 전하게 하소서
널리 내 주의 성호를 전하게 하소서

엄밀히 말한다면 예배시에 찬송은 일인칭 사용보다는, 여기서 '우리'라는 인칭 대명사가 어울리겠지만 '나의 하나님, 나의 주'란 신앙고백적인 냄새가 강하게 풍긴다.

제도적인 교회에서도 예배시작을 하면서 삼위하나님께 찬송드리기 보다는 회개의 찬송이나 자신의 입장을 호소하는 찬송을 많이 부르는 모습을 보는데 가정 교회 역시 예외가 아니다.

왜냐하면 예배인도자가 없이 〈성령님이 인도하시는대로〉 자기가 추천하면 모두가 같이 부르는 것이 때문에 더더욱 삼위 하나님을 먼저 찬양하는 것은 좀처럼 보이지 않았다.

2. 문제가 된 고요한밤 거룩한 밤

이 첫 부분에 성탄절에 가장 많이 부르는 소위 '고요한 밤 거룩한 밤'이 중국찬송은 〈펑안이에〉즉 '평화로운 밤'이란 제목으로 알려지고 있다. 그래서 개방의 물결을 타고 젊은이들이 TV에서 이 노래를 부르고 백화점에서 이 노래를 캐롤로 크게 틀어 놓기도 한다.

그러나 정작 가정교회에서는 이 찬송을 즐겨 부르지 않는다. 그 이유 중에 하나는 그 가사가 비성경적이란 이유 때문이다.

       평화의 밤 거룩한 밤 어둠중에 빛이 비칠 때
       성모를 비추네, 거룩한 아기를 비추네

얼마나 자비로운지 얼마나 천진한지
하늘도 조용히 잠이 들었네
하늘도 조용히 잠이 들었네

여기서 문제가 되는 것은 마리아를 성모라고 한 것이다.
마리아는 비천한 계집종의 하나로 예수님을 태어나게 하는 도구로 사용되었을 뿐이지 성모라고 할 수 없다는 생각에서다.

3. 내일일은 난 몰라요

중국 성도들이 좋아 부르는 한국 복음송은 안이숙씨가 지은 '내일일은 난 몰라요' (104장)이다. 동양 문화권에서 한국인과 중국인 사이에 정서적 공통 분모가 있다. 그것은 찬송을 떠나서라도 한국의 유행가를 중국인이 좋아하고 번역해 부르고, 그 반대도 마찬가지인 것을 보면 알 수 있다. 특히 찬송에 있어서도 그러하다.

그러나 한국에서도 예배시의 찬송과 전도시나 부흥회때 부르는 복음송은 좀 구분되어야 하겠으나, 중국 찬송에서도 그런 정리가 이뤄지지 않고 종합 편집되어 불려지고 있는 실정이다. 그러나 그 많은 한국 찬송 가운데 왜 하필이면 이 찬송이 포함되었는가이다.

그것은 한국교회가 일제치하에서 고난 받는 교회 역사 가운데 만들어진 찬송이기에 가정교회 성도들의 정서에 특별히 '아멘' 되어진 결과가 아닐까란 생각이 든다. 그러나 이 찬송의 4절은 '내일 일은 난 알아요' 인데 그것이 포함되어 있지 않은 것이 흠이다. 만약 '내일 일은 난 몰라요' 라고만 하게 되면 뭔가 처량하기만 하고, 조금은 숙명적이고 염세적인 성향을 심어줄 가능성이 있다. 신자의 내일은 소망으로 가득 차 있다. 동시에 우리를 부르신 그분이 구원만 얻게 하실 뿐 아니라 하늘의 풍성한 기업을 그 아들 예수와 함께 누릴 후사로 세워 주셨기 때문이다. 그래서 '죄 많은 이세상은 내집 아니네' 식으로 살아가는 것이 아니라 소망이 있기 때문에 이 세상에서도 빛의 아들처럼, 우리를 부르신 자의 그 아름다운 덕을 선전하며 빛으로, 소금으로 살아가야 하는 것이다.

4. 찬송 신학 정립을 위한 신학적 과제

우리나라 찬송에도 세상의 멜로디에 찬송 가사를 담은 찬송이 3~4개 있다.

예를 들면 '나같은 죄인 살리신 그 은혜 놀라워' '하늘 가는 밝은 길' 등등이다.

그러면 세상의 곡조에 (명곡, 동요, 혹은 전통곡조 예를들면 아리랑 등) 찬송가사를 적용해 부를 수 있단 말인가?

물론 좋은 가사는 지었으나 곡조를 만드는 것은 쉬운 일이 아니므로 그 곡을 빌려 사용한 경우를 이해할 수는 있으나, 지금은 전문가들이 많이 있으므로 조심스럽게 그리고 경건하게 기도하면서 작사하고 작곡하여 새 노래로 여호와 하나님을 찬송함이 마땅하다고 생각한다.

다시 말해 내용물이 거룩하다면 그릇은 상관 없다는 논리가 아니라, 그 내용을 담은 그릇도 거룩해야 하나님께 돌리는 찬송으로 어울리며 그야말로 〈새 노래〉가 될 것이다.

그러나 필자는 이미 수 세기동안 교회가 채택하고 불러온 찬송을 부르면 안된다는 입장이 아니라, 앞으로 그와 같이 세상의 일반 곡조를 빌려 쓸 필요는 없다는 뜻이다.

중국 찬송에도 우리에게 '아늑한 산골짝 작은 집'에로 알려진 곡에다 주님의 십자가를 묵상하는 가사를 적용하여 즐겨 부르고 있다(300수 제 57장).

> 십자가 아래서 조용히 묵상해보네
> 주 예수님 왜 고난을 받으셨나?
> 흠도 티도 없으신 하나님의 어린양
> 생명 버려 나의 죄를 갚아주셨네
> 오! 은혜의 주님 날 위해 모든 것 버리셨네
> 이 기묘한 사랑 내 어찌 잊을손가
> 나는 오직 오늘 이후 그 사랑 믿고 받아
> 온 몸과 온 마음 주님께 드리리

5. 삼자교회에서 사용하는 찬송가 <찬미시>

찬송 400수와 부록으로 단가(성경 본문 찬송) 42수로 꾸며져 있다.

삼자애국운동위원회와 중국기독교협회가 1981년 2월에 편집 작업을 하여 만들어 낸 찬송이다. 그 중에 292개는 이미 세계 교회가 사용하고 있는 찬송이고, 102개는 중국 자체에서 작사 작곡된 것이며, 그 중에 56개는 최근에 성도들이 만든 찬송들이다. 또 하나 특징적인 것은 일본 찬송(아버지 집으로 돌아 옵니다) 인도 찬송(만복의 근원) 버마 찬송(마음의 소망) 등을 실었다는 점이다. 아마 편집자들이 교회의 우주성과 성도가 서로 교통함을 믿는 것을 염두에 둔 것이라 생각한다.

위의 제4항에서 이미 언급한 것이지만 이 찬미시에 중국 전통 음악에 찬송 가사를 입혀 놓은 것이 몇곡 있다. 그 중에 가장 유명한 것이 <모리화 곡조>에 예수님의 아름다운 이름이란 찬송가사를 접붙인 것이다.

> 아름답고 거룩하신 그 이름 예수
> 깨끗하고 기묘한 꽃 향기 같아라
> 나는 아침저녁으로 묵상하네 전파하네
> 기이하고 기이한 예수님의 은혜
> 구주께서 죄인을 사랑하사
> 세상에 임하사 목숨버려 주시었네

이 모리화 곡은 원래 일반 청춘 남녀의 애틋한 사랑을 노래한 것으로, 우리나라의 〈아리랑〉처럼 중국을 대표하는 전통곡이다. 다시 말해 거룩하신 주님의 이름과 그 사랑 그 은혜를 부르고 감사할 때 전통 곡조의 그 뉘앙스가 은혜를 받는데 도움을 줄까 손해를 줄까를 생각해 보게 한다. 필자는 찬송가사와 곡조 모두가 〈새술은 새 부대〉에 넣는 것이 바람직하다고 생각한다. 그렇다고 신자가 전통 음악이나 명곡 등을 불러서 안된다는 말이 아니다.

인간은 정서적 존재이므로 때와 장소에 따라서 얼마든지 다양한 음악을 즐길 수 있다.

그러나 예배시의 찬송과 일반 노래는 구분되어야 할 것이다.

5. 성경 본문을 사용한 짧은 찬송들(232-300장) 혹은 시편 찬송

이 부류의 찬송이 무려 70장이나 된다. 다시말해 전체 찬송의 40% 가까이 차지하고 있다. 중국에서는 〈찡원스끄어〉라고 하는데 경문시가인 것이다. 사실 찬송은 '곡조 있는 기도' 이므로 작사자는 매우 조심스럽게 찬송을 작사해야 한다.

그러나 성경 본문을 그대로 사용할 경우는 작곡이 더 신경을 써야 할 문제일 것이다.

다시 말해 그 내용에 어울리는 곡조를 작곡해야 할 것이다.

(한국의 시편 23편 찬송 '여호와는 나의 목자시니 내게 부족함

이 없으리로다'는 그 가사와 그 곡조가 너무나도 잘 어울린다고 필자는 생각한다)

그러나 대부분의 성경 본문을 사용한 찬송은 짧다는 것이 흠이다. 그래서 반복해서 부를수 밖에 없어 자못 아쉽다. 그래서 본문의 사상을 손상하지 않는 범위 안에서 다시 시작을 한 뒤에 3, 4절 정도로 재구성을 하면 더 은혜스러운 찬송이 될 것이다.

6. 하남성의 한 여성도의 영감으로 작곡 작사한, <가나안 찬미 930수>

중학교도 안 나온 한 여성도가 기도하며 말씀을 읽는 중에 930수를 지어서 찬송을 만들었다. 이 찬송은 음률 모두가 중국전통 방식이어서 시골이나 농촌 지역의 성도들에게 대단히 인기가 있다.

일부에서는 이 찬송만을 예배에 사용할 정도이다.

하지만 '시와 찬미와 신령한 노래로 서로 화답하라' 하신 말씀을 따라 찬송의 다양성을 고려해야할 것이다.

7. 찬송 안에서 <성도의 교통>

사실 삼자교회와 가정교회 성도들이 공개적인 교통이 잘 이뤄지지 않고 있다.

그러나 찬송은 경계가 없다. 그래서 가정 교회 성도들이 삼자에서 나온 찬송가에 좋은 것을 복사해서 배우고 부른다. 그래서 중국 성도들의 찬송가 앞뒤에는 자신이 부르고 싶은 찬송을 복사해서 부록으로 많이 붙여 놓고 있는 모습을 쉽게 볼 수 있다.

필자의 생각으로는 중국 찬송 가운데 한국에 소개하고 싶은 찬송이 참 많다고 느껴진다.

그 중에 하나를 소개하면 아래와 같다.

이 찬송은 주님의 죽으심을 기념하는 성찬 찬송이다.

쪼우주 타 쇼우 쭈푸 워 시앙
쿠 뻬이 타 인 아이엔 워 창
루츠 언 아이 쉐이 넝 츠어량
워디 신아 잉당 거창 (시가 제14장)

(한국어 번역)
주님이 모든 저주 다 받으심으로, 내가 복을 받아 누리게 됐네
주님이 쓴잔을 받으심으로 내가 사랑의 잔치에 들어가네
이같은 사랑 누가 측량할 수 있을손가
내 영혼아 마땅히 그를 송축하라 아멘

3

가정교회의 절기

구약 이스라엘 백성은 삼대 큰 절기 즉 유월절, 오순절, 장막절을 지켰다. 그 밖에도 안식일, 월삭, 월망, 속죄일, 희년 등의 날과 절을 지켜왔다.

그것은 하나님의 명령이었고, 그 절기를 통해 하나님의 구원 역사와 추수감사 그리고 인도하심을 기념하게 하였던 것이다. 또 역사가 흘러 후대들이 그 사실을 학습하고 신앙을 전승하는데 도움을 주는 교육적 효과도 컸던 것이다.

지금도 전통 유대인들은 7월 10일 속죄일이 되면 모든 일을 중단하고 엄격히 율법에 따라 자기 죄를 살피고 회개하는 날로 지킨다. 그래서 간혹 여행객들이 이 날에 이스라엘을 가면 여러 가지로 불편함을 당할 수 밖에 없다.

가정교회에는 절기를 따로 지키지 않는다.

가정 교회에는 엄격히 말해 현대 교회들이 교회력에 따라 지키는 부활절, 추수감사절, 성탄절을 지키지 않는다. 물론 가정 교회 가운데 개방된 가정 교회는 간혹 절기를 지키나 대체적으로 지키지 않는다는 말이다.

1. 사순절과 고난 주간 그리고 부활절

역사적인 교회 전통에 따르면 부활절 이전 46일 혹은 40일 전을 사순절 기간으로 지킨다.

이것은 물론 한국 교회도 목회자의 목회 방침에 따라 고난을 묵상하고 기도하며 혹은 세례와 학습을 베푸는 준비 기간으로 삼기도 하고 그렇지 않기도 한다.

흔히 이것은 '렌트'라고 하는데 가정 교회에서는 이 기간을 특별한 기간으로 하지 않는다. 따라서 고난 주간도 없고 부활 주일도 없다.

가정교회는 매주일이 주님의 죽으심을 기념하고 주님의 다시 사심을 기념하고 있다. 매 주일 먼저 찬송과 기도를 한 다음 성찬 예식을 거행하고 주의 부활하심을 감사 찬송한다.

한국교회는 고난주간과 부활 주일은 거의 다 지키고 있는 실정이고 그 주일에는 대부분 성찬 예식과 학습 세례를 거행한다.

그러나 가정 교회는 따로 부활주일이 없다. 왜냐하면 주일이 곧 주님이 부활하심으로 구약의 안식일에서 신약의 주일로 바뀌어졌기 때문이다.

그러나 미국을 위시한 유럽 교회 가운데는 좀 더 구체적으로 의식화된 사순절 행사를 가지고 있다. 예를들면 미국교회의 경우 부활절 주일 전 토요일밤을 '이스터 버질'이라는 예배를 드린다. 그 예배 중에 가장 중요한 것이 세례식이다. 그리고 그 때 세례를 베풀면서 이미 세례를 받았던 사람들을 향해서는 세례식이 끝난 다음 상징적인 행동을 한다. 즉 종려나무 가지에다 물을 머금게 해서 예배 인도자가 그 나무 가지를 들고 회중에게 물을 뿌린다. 그러면서 "리멤버 유어 밥티즘"이라고 말하는데 즉 '네가 세례 받은 것을 기억하라'는 뜻이다.

'네가 누구인지 잊지 말라'는 뜻이다. 너의 옛 사람은 세례를 받을 때 예수님과 함께 죽었고 그리스도 안에서 새 생명으로 거듭난 자임을 기억하라는 의미이다. 이것은 세례갱신으로서 자신이 세례 받은 교인이라는 것을 다시 생각하도록 일깨워주는 상징적인 의식인 것이다. 그래서 이를 통해 사순절의 신학적 의미는 자기를 다시 발견하게 하는 기간인 것이다.

사순절을 시작하는 날을 '참회의 수요일' 혹은 '재의 수요일'로 부르기도 한다.

그 날은 예배시간에 종이를 한 장 씩 준비하고 자기가 회개할 내용을 적고 예배 마칠 무렵 그것을 태우고 거기서 나온 재에다 물을 섞어 예배 마치고 나오는 자의 이마에 십자가를 그려 주는 것이다.

필자가 알기로는 이런 의식은 한국교회 전통에는 별로 보이지 않고 주로 학생들이 수련회에 가서 마지막 결단의 밤에 죄를 기록하고 태우는 의식을 행하기도 하는 것은 아마도 이 참회의 수요일을 응용한 것으로 알고 있다.

또 고난주간 수요일은 유다의 배반의 날로 지키는 교회도 있고 고난주간 목요일을 세족식의 목요일로 지켜 서로 발을 씻는 교회도 있다. 초대 교회 전통 가운데서는 범죄하여 출교했던 자가 회개하고 돌아 올 때 이 날이 화해와 용서의 날로 정하여 다시 용서하고 받아들였던 것이다.

고난주간 금요일은 특히 주님이 십자가에 달려 죽으실 때 해가 빛을 잃은 그 세시간 동안 예배를 드리기도 한다. 그래서 특별히 중보 기도를 하기도 하고 금식을 하기도 한다.

2. 맥추감사절과 추수감사절

부활절을 지키지 않는데 감사절을 지킬 리가 없다.

특히 추수감사절은 청교도들이 미국에 건너가 감사하면서 만든 11월 셋째 주일을 한국교회는 선교사들의 가르침을 받아 전통화 되어 버렸다.

그러나 중국 가정 교회는 이런 절기를 지키지 않는다. 문제는 그 날이 아니더라도 범사에 하나님의 은혜를 감사하는 생활을 해야 하는 것이다.

신앙의 최고의 표현은 또 감사할 줄 아는 것이 아니겠는가?

3. 성탄절

12월 중순이 되면 중국의 거리와 백화점에 산타가 등장한다. 그리고 캐롤이 흘러 나온다.

개인적인 이야기이지만 우리가 처음 중국에 와서 성탄절을 지내면서 차남이 학교에서 받아온 성탄 카드가 17장이었다. 그 당시 한 반의 학생이 45명이었으니 적어도 35% 가량이 성탄 문화를 초등학교 4학년 학생들이 누리고 있다는 것이었고 그 카드는 그 학생의 부모가 준비해 준 것으로 볼 때, 성탄절은 이미 중국 안에서도 축제일이 된 것이 분명했다.

물론 그 안에 기록한 내용은 예수님과 아무런 관계 없는 말로서 그저 건강 기원과 열심히 공부하라는 축복들이었다.

그러나 이 성탄절의 날짜가 이방신을 섬기는 날에서 왔지 정확한 예수 탄생일은 아무도 모르는 것이다. 그래서 가정 교회 성도들은 이 날을 따로 지키지는 않는다.

문제는 젊은이들이 삼자교회나 텔레비전에서 혹은 백화점에서 성탄 분위기를 배워 서로 카드를 주고 받고 심지어는 '평안 이에'라고 해서 이브날 백화점, 호텔, 유흥 장소에서 다양한 행사들을 한다. 그런데 교회에서는 조용하니 뭔가 모순된 느낌이 들 것이다.

앞에서 말한대로 절기를 지키는 것은

첫째 그 하나님의 사랑과 예수님의 도성 인신을 기념하고 감사하는 것이요.

다음은 자녀들의 신앙교육적 측면에서 볼 때 의의가 있는 것이요.

셋째는 전도의 좋은 기회로 삼을 수 있다는 점이다.

특히 도시의 젊은이들은 성탄절이 되면 신불신 간에 성탄 행사장을 찾아다닌다. 그래서 젊은이로 구성된 가정교회는 일년중 성탄절에 가장 큰 발표회를 준비하여 예수님 탄생의 상황을 극으로 연출하고, 교제하고 전도하는 기회로 사용하고 있는 것이다.

4. 송구 영신 예배

한해를 보내고 새해를 맞는 것은 누구나 매우 중요하게 생각한다.

그래서 가정 교회의 성도들은 이 날 밤 큰 장소를 준비하고 전체 성도가 같이 모여 하나님께 일년을 돌아보며, 감사와 회개를 중심으로 예배를 드린다.

혹 작은 가정 교회들은 자기들과 연결되거나 교제권이 형성된 가정교회와 연합으로 예배를 드리기도 한다. 순서는 찬송과 기도 그리고 보고와 간증, 함께 음식 나누기와 사진 촬영 등이다. 특히 보고시에는 한 해 동안의 교회의 성장과 새 신자 소개가 주된 내용이다. 그렇게 되면 자연스레 감사와 기도와 찬송으로 밤을 지새우게 된다.

5. 춘절(음력 설)

중국인의 최대의 절기는 춘절이다.

젊은이들이 일년 동안 외지에 가서 일을 하지만 그 날엔 꼭 고향으로 돌아와 부모님께 인사드리고 약 보름 정도 쉬다가 다시금 일터로 돌아간다.

가정 교회 신자들도 이 기간에는 모두 집안에 인사하러 돌아가게 된다.

그래서 춘절의 들어 있는 한 주일은 집회를 갖지 못한다. 집회를 모이지 않는 것이 아니라 다 떠나고 없으니 집회를 모이지 못하는 것이다. 이쯤 되면 중국에서의 춘절의 의미를 대충 짐작할 수 있을 것이다.

중국인은 춘절에 모이면 서로 '지아오즈' 즉 만두를 빚어 먹고 카드나 마작을 하면서 놀고 밤새워 그 동안의 못다 한 이야기 보따리를 풀어 놓는다. 그러다 보니 가정교회에서 신앙생활 하던 신자가 신앙의 동지가 없는 불신의 문화 속에서 춘절을 지내고 오면 모두가 하나님 앞에 죄송한 생각이 더욱 앞선다. 물론 평소에도 죄인이지만 춘절을 지나면서 조상신에게 제사 지낸 잘못, 기독교인으로서 구별되지 못하게 한잔 들이킨 것, 올해의 운수를

점 쳐 본 것, 마작과 카드 놀이 등으로 실수하고 잘못한 것이 더 많은 것이다.

앞으로 차츰 복음화 되어 기독교적 문화 속에서 춘절을 예배로 시작하고 함께 일가 친척이 모여 오순도순 교제 나누는 그 날이 오기를 간절히 바라는 것이다.

4

가정교회의 세례

세례

먼저 가정교회에서 만들어 사용하고 있는 내부 자료에 근거하여 세례관을 살펴보고자 한다.

1. 세례의 근거

마태 28:19, 요한 3:22 행 2:38 마가 1:9-10 행 8:36 벧전 2:9 누가 1:75 로마서 6:4-6 골로새 2:12

2. 세례는 주님의 명령

부활의 주님께서 친히 제자들에게 믿는 자에게 세례를 주라고

명하셨다(마28:19).
 또한 요한복음 3장 22절에 보면 예수님이 친히 세례를 베풀어 주시고, 사도가 세례를 베풀었다(행2:38).

3. 예수님도 세례 요한의 물세례를 받으셨다.

4. 삼위일체 하나님의 이름으로 세례를 받는다.

 회개하고 예수 믿어 세례 받으면 하나님과 예수님 성령 그리고 천사가 기뻐한다(눅 15장 10절).

5. 의식의 필요성

 학생이 학교에 가서 공부하기 전에 먼저 입학식을 거행한다.
 마찬가지로 마귀와 죄의 권세에서 하나님의 자녀의 나라로 옮겨지는 이 큰 사건에 죄를 고백하고 예수님을 믿는다고 고백하고 예수와 연합하는〈세례식〉은 필요하지 않겠는가?
 이것은 공적으로 하나님과 주 예수 그리고 모든 성도 앞에서 행하는 것이며 마귀 앞에서도 행하는 공적 예식인 것이다.
 세례는 '내가 예수님을 믿고 신자가 되는 것을 선언하는 것' 이다. 그래서 예수님께 속한 자요 사람에게 속한 자가 아니며, 인간의 조직에 속한 자가 아니라 천국의 시민이며 생명책에 기록되는 것이다.

6. 침례를 선호하는 가정 교회

필자는 장로교 목사이지만 가정교회를 섬기면서 14명에게 침례를 베풀었다.

왜냐하면 대부분의 가정 교회는 침례를 선호하기 때문이었다. 이유인즉 예수님이 요단강에서 세례를 주셨기 때문이라고 하면서 침례를 선호한다. 또 물속에 들어갈 때 예수님과 함께 죽고 물에서 올라 올 때 예수님과 함께 부활하는 것을 상징한다.

가정교회에서는 지나친 침례의 강조를 하고 있는 것 같다. 그래서 겨울에는 세례를 베풀기 어려워 집안의 욕조에서 베풀며, 여름에는 야외 예배를 가서 물이 있는 호수나 강에서 침례를 베푼다.

7. 삼자교회의 물세례를 받은 자가 가정 교회에 와서 다시 침례를 받는 경우를 보았다.

이것은 세례를 받은 자가 세례를 누구에게 그리고 어디서 받았느냐가 중요하다고 생각 했기 때문일 것이다. 그러나 세례는 〈삼위일체 하나님의 이름으로 받았다는 것〉이 중요한 것임을 잊지 말아야 할 것이다.

초대 고린도교회에 이런 문제가 있었다. 그래서 바울은 그리스보와 가이오 외에는 세례 주지 않았음을 감사했던 것이다(고전 1:14-15). 왜냐하면 바울이 세례 주었다고 세례가 더 권위가 있는 것이 아닌 것이기 때문이다.

침례를 받으나 세례를 받으나 그 의미와 상징성은 동일하다.

그러나 가정교회에서 이것만을 강조하고 있다. 그렇다고 갑론을박할 필요는 없다.

가정교회의 성찬

가정 교회에서는 매주일 성찬을 거행하는 교회가 있고 한 달에 한번씩 거행하기도 한다. 대부분의 교회가 매 주일 거행하는데 주의 죽으심을 매 주일 기념하는 것이다. 주일 아침에 먼저 찬송과 기도를 돌아가면서 한 뒤에 분병과 분잔을 한다. 다시 말해 매 주일 성찬 즉 먹는 예배, 마시는 예배와 말씀을 듣는 예배를 드리는 것이다.

1. 성찬의 횟수

한국교회는 일년에 두 세 번 정도 성례를 거행하고 있는데 중국의 가정 교회는 매주일 성찬을 거행하므로 훨씬 초대 교회의 원형의 가깝게 느껴진다.

한국의 선교 역사 가운데 선교사가 6개월에 한번씩 교회를 순례하고 그 때 학습을 하고 다시 6개월 뒤에 세례를 받도록 하고 성찬을 거행했던 것이다.

어쨌던 일년의 두 번 내지 세 번 정도 성찬을 거행하는 것은 필자의 소견으로 횟수가 너무 적다는 생각이 든다. 왜냐하면 성례가 은혜의 수단이라고 믿으면서, 그 은혜를 받아 누리는 기회를 너무 적게 가지는 것은 바람직하지 않기 때문이다.

한국교회의 대 부분이 장로교 전통 가운데서 〈오직 말씀〉만을 강조한 나머지 성례전을 등한히 한 것이 사실이다. 그러나 로마 천주교회는 말씀은 등한히 하고 성례전만 강조하므로 오늘날 〈미사〉중심의 교회가 되고 말았다. 그러나 중국의 가정 교회는 말씀과 성찬이 조화롭게 공존하고 있는 것이다. 교회사적으로 볼 때 아래와 같은 과정을 거쳐 왔음을 알수 있다.

초대 교회························성찬과 말씀의 조화가 있는 교회
중세 교회와 로마 천주교···········성찬 중심의 교회(미사)
종교 개혁 이후 장로교 전통·········말씀 중심의 교회(오직 말씀)
중국가정교회·····················성찬과 말씀의 조화가 있는 교회

물론 준비 없이 매주일 성찬을 거행하는 것도 문제가 있을 것이다.

또 한국 교회처럼 일년에 두 세 번 거행하면 목사도 성도도 기도로 준비하여 엄숙히 거행하는 장점도 있다. 그러나 그 횟수가 너무 적다는 생각이 든다.

그래서 존 칼빈은 교회가 적어도 한달에 한번은 성례를 거행하는 것이 좋다고 생각했다.

2. 한 떡, 한 잔 사상

가정 교회는 신자가 적게는 10명 내외에서 많게는 30-40명씩 가정에서 모여 드림으로 한 무교병을 구워서 나누고 잔도 하나의 컵으로 돌아가면서 마신다.

그러나 성도가 더 많아지면 다른 나라 교회처럼 개인적인 잔을 사용해서 하게 될 것이다.

필자가 섬긴 교회에서 어느 여 성도가 자기는 한 잔으로 포도주를 마시니 앞에서 많은 사람이 사용해 온 그 언저리에 자기 입술을 대려고 하니 기분이 안 좋다고 하면서 개인적인 작은 잔을 사용하면 안되겠느냐고 제안해왔다. 그래서 세월이 좀 지난 다음에 다른 나라의 성찬을 소개한 후 우리 교회도 개인용 컵을 사용하면 어떻겠느냐고 설명하자 안된다고 했다. 즉 '한 떡, 한잔이 더 성경적' 이란 것이다.

그래서 물론 우리가 한 떡 한잔임을 다 믿고 그렇게 생각하는데 주전자에 담겨 있을 때는 이미 한 잔이 아닌가? 핵심은 예수님의 죽으심을 기념하는 것이니, 위생적인 측면에서도 개인적인 잔을 사용하는게 좋을 것 같다고 하자 모두 동의하여 지금은 개인적인 컵을 사용하고 있다. 그래서 다른 가정교회도 이렇게 하는 것에 동의하면 성찬기를 구입해 주겠다고 하자 안된다는 것이다. 왜냐하면 아직도 전통, 보수적인 가정 교회에서는 개인 컵 사용하는 방법을 받아들이기 어렵다는 것이다.

3. 결혼식

결혼이 천주교의 교리처럼 성례는 아니지만 이 장에서 잠깐 가정교회의 결혼식을 소개하고자 한다.

결혼식은 가정 교회서 하기도 하고, 식당을 빌려서 식사하면서 하기도 하고 또 삼자 교회에 가서 하기도 한다.

1) 부모가 다 신앙 생활을 할 경우

가정 교회에서 대표자의 주례로 혼례식을 거행한다.

가정 교회의 청춘 남녀가 주 안에서 결혼하게 되면 그 교회의 경사이다.

교회에서 예배를 중심으로 결혼식을 올리고 함께 식사를 한다.

2) 부모가 불신자일 경우 일반 중국인의 결혼 방식을 따

라 식당에서 식사하면서 결혼식을 올리기도 한다.

3) 삼자교회 빌려서 결혼할 경우

그러나 요즈음 가정 교회 젊은이들은 〈삼자 교회당〉에 가서 결혼식을 거행하고 사진을 찍고 뭔가 멋있는 결혼식을 하고자 하기도 한다.

그러나 삼자교회당에 가서 할 경우 주례는 삼자교회 목사님이 진행해야 한다.

지역에 따라 두 사이에 관계가 좋지 않을 경우 가정 교회서 준비한 특송도 시키지 않고 삼자 목사님의 식순에 따라 20분 전후로 의식이 끝나기도 한다.

그래서 가능한한 이 방법을 하지 않고 자기 가정 교회 식구들끼리 모여 식을 올리기를 권장한다.

4. 유아세례의 부재

중국 가정교회에는 유아 세례를 거행하지 않는다. 아예 그 중요성을 모르고 있다. 믿음의 조상 아브라함이 99세에 할례를 받고, 그 아들 이삭을 낳고 8일만에 하나님의 명령에 의해 할례를 시행하였다. 할례는 구약 시대의 하나님의 자녀의 표시였다.

이삭이 생후 8일이 되었을 때 자기가 신앙고백한 것이 아니지만 부모님의 신앙에 의해 할례를 받고 언약의 후손의 인침을 받은 것이다.

마찬가지로 신약시대의 하나님의 백성의 공적 표징은 세례이며, 부모님이 신앙을 가진 자는 자기 자녀에게 유아세례를 받게 하고 신앙교육을 시켜가는 것이다.

이것은 〈언약신학〉에 기초한 것이다. 가정교회는 잦은 성례를 거행하지만 성례에 대한 교육은 거의 전무하다.

이제 교회의 표지로서 말씀의 선포, 성례의 집행 그리고 올바른 권징 가운데 하나인 교회의 성례가 어떤 의미가 있는지 다음과 같이 가르쳐야 할 것이다.

교회의 성례

성례의 종류

구약 시대에는 하나님께서 두 개의 성례를 세우셨는데 할례와 유월절이다.

신약시대에 와서 예수님께서 할례를 대신하여 세례를 세우시고, 유월절을 대신하여 성찬예식을 제정하시었다. 이렇게 대체하신 이유는 예수님께서 친히 갈보리 산에서 십자가 보혈의 피를 단번에 모든 인류를 위해 흘리신 후, 이제는 구약의 피흘리는 제사의식을 피를 안 흘리는 의식으로 대치하셨기 때문이다. 구약의 의식은 그림자라면 예수님은 실체이신 것이다.

구약의 할례와 유월절에는 모두 피를 흘렸으나 신약 시대에 와서 행하는 세례와 성찬은 피를 더 이상 흘리지 않는다. 이미 예수님이 단번에 완전한 제사를 드리셨기 때문이다. 우리는 그래서 성찬을 행할 때 마다 그를 기념하는 것이며 전하는 것이다. 그러나 구약과 신약의 성례는 의미도 같고 수도 같다.

그러므로 우리의 결론은 교회는 오직 세례와 성찬 두 가지 큰 성례가 있다는 말이다. 결론은 성례의 권위를 높여 주며 성례를 행하는 교회는 영광스럽다는 말이다.

성례의 의의

우리가 반드시 이해해야 할 것은 성례가 하나님의 말씀에 결코 무엇을 더해주는 것이 아니라는 것이다. 주의할 것은 성례가 나타내는 것은 바로 하나님이라는 것이다. 그리고 교회가 성례를 집행하는 것은 즉 보이는 설교, 유형의 방식으로 마치 사람들에게 복음을 전하듯이 복음을 전하는 것이다. 교회가 하나님의 거룩한 말씀을 입으로 전하여 사람들로 하여금 믿게 하고 또 성례를 행함으로 사람들로 하여금 복음을 보게 하는 것이다.

성례는 은혜의 수단으로 바로 말하자면 성례는 성령님께서 그를 믿는 자들에게 은혜를 전달하는 방법이라는 것이다. 구원의 은혜는 하나님이 주시는 것이지, 결코 교회의 의식자체에 있는 것이 아니다. 단 예수님을 통하여 세워주신 성례를 행하는 것이 하나님이 기뻐하시는 것이다. 이것이 성경의 사상과 맞는 것임은 의심할 필요가 없다. 성경은 여러 차례 구원은 여호와께 있사오니(시3:8) 라고 가르쳐 주며 하나님 자신이 이 특권을 보유하고 계신다.

베드로가 오순절에 군중들에게 설교하기를 '너희가 회개하여 각각 예수 그리스도의 이름으로 세례를 받고 죄 사함을 얻으라 그리하면 성령을 선물로 받으리라' (행2:38)라고 설교할 때 그가 분명히 세례를 말한 것은 세례가 단지 예수님이 죄인을 위해 죽으신 것을 생각게 하는 것 만은 아니었던 것이다. 그래서 다메섹의 아나니야가 사울에게 말하기를 "일어나 주의 이름을 불러 세례를 받고 너의 죄를 씻으라"고 했던 것이다.

성례는 은혜 언약의 표시요 인증인 것이다. 즉 이 은혜 언약 안에 들어온 자는 성례를 통하여 예수그리스도의 구속의 은혜를 표시하고 인증하는 것이다. 성례는 구원의 은혜를 나타낼 뿐 아니라 마치 하나님께서 구원의 약속을 보증으로 인치시듯, 더 나아가 노아 시대에 무지개가 나타나 하나님께서 노아에게 상급을 주실 것을 인정한 것과 같다.

그 뿐 아니라 성례는 바로 도장 찍어주는 것과 같다. 실제로 은혜를 전달해 주는 데 바로 열쇠를 준다는 것은 그 집에 들어가는 것을 허락한다는 의미인 것처럼, 재산 등기를 자기 이름으로 도장 찍어 놓으면 그 재산은 자기 것이 되는 것과 마찬 가지이다. 결혼 의식은 혼인의 모든 특권과 이후의 삶을 보장하는 표현인 것처럼 성례도 그런 의미가 있는 것이다.

성례의 효력

그러면 성례가 언제 하나님의 은혜를 전달해 주는가?
또 어떻게 전달해 주는가? 이 점에 관해서 학자들 간에 의견이 많이 다르다. 또 이 차이는 세가지 문제를 야기시킨다.

첫째 문제는 성례의 효력은 성례를 집행하는 자의 자질과 관계가 있는가 없는가?

누가 성례의 효력이 성례 집행자의 성의에 달려 있다고 말 할 수 있는가?

하나님은 회개하지 않은 사람의 전도를 통해서도 사람으로 하여금 구원 얻게 하시는 분이시다.

둘째 문제는 구원의 은혜가 사람에게 효력을 나타 내는 것이 성례 자체에 있는가 아니면 성례를 통한 성령님의 역사에 있는가?

성례 그 자체는 결코 어떤 효력이 없고 단지 성령님께 사용함을 받을 때 효력이 있는 것이다. 성령님께서 성례를 사용하사 하나님의 뜻을 행하시는 것이다. 이것이 성경에 부합된 견해이다. 왜냐하면 구원의 은혜는 처음부터 끝까지 하나님께 속한 것이기 때문이다.

세 번째 문제는 성례에 참예하는 자가 성례의 유익을 얻기 위하여 마땅히 믿음이 있어야 유익을 얻는가 아니면 없어도 유익이 있는가?

비유를 들어 말하자면 나무토막이 바싹 마르지 않으면 잘 타지 않을 것이다. 그러나 나무가 잘 말랐다고 해서 밑에서 타오르는 불 본래의 화력에 보탬을 주는 것은 아닌 것과 같다.

　다시말해 열두해를 혈루증으로 앓던 여인이 믿음이 없이 예수님을 만졌다면 나음을 얻지 못했을 것이다. 그러나 주님의 능력은 그가 믿음이 있든지 없든지 관계 없이 있는 능력은 있는 것이다. 다시 말해 믿음이 있을 때 비로소 성례를 통하여 은혜를 받을 수 있는 것이다. 사도시대의 교회는 믿음에 필수불가결한 것이 세례였음을 견지해 왔던 것이다(행2:41, 행16:31). 그러므로 사도 바울은 성찬에 참예하는 자에게 '주의 몸을 분변치 못하고 먹고 마시는 자는 자기의 죄를 먹고 마시는 것이니라'(고전11:29)고 했다.

성례의 신성함

　성경에 성례란 말은 없다. 그런데 교회가 이토록 성례를 중시하는 이유는 주 예수께서 이것을 교회에 부탁하셨기에 교회는 그 신성함을 보존하여 지키는 것이다.

　그러므로 교회만이 성례를 비로소 집행하는 것이다. 교회가 조직하지 않은 한 무리의 신자들이 비록 신자이지만 성례를 집행할 권리는 없는 것이다.

　성례를 집행하는 것은 전도하는 것과 같다. 설교하는 것과 성례를 집행하는 것은 목사의 소관이다. 그러나 특수한 상황에서 신자가 병이 들어 교회에 올 수 없을 때 집에 가서 성례를 행할 수 있다. 교회는 결단코 예수를 구주로 믿지 않는 자에게 세례를 줄 수 없다. 또 예수님 믿는 집 아이 외에는 유아 세례를 줄 수 없다.

오늘날 대다수의 교회가 공개적으로 성찬을 행하는 것은 영광스러운 일이다.

성찬이 있는 주일날 자기가 세례 받고 예수님을 구주로 믿는 자가 감격함으로 성찬에 참예한다. 그러나 새로온 분이 있으면 교회의 직원이 가서 진실한 신자인지 아닌지 가서 조사하거나 묻지 않고 스스로 참예할 것인지 아닌지를 결정케한다. 물론 세례를 받은 자라면 그 의의를 알고 참예할 것이지만 간혹 초신자가 뭔지도 모르고 넙죽 받아 먹고 마시는 경우가 있다.

그러므로 성례 주례자는 성찬의 참예 조건을 다시 일깨워 주어야 한다.

성례는 신성한 것이다.

교회의 머리되신 주님께서 교회에 부탁하신 것이다. 그러므로 성례의 신성함과 교회의 신성함이 서로 밀접하게 관련된 것이다. 성례의 신성함을 유지하는 것이 바로 하나님이 교회에 주신 본분이요 특권이다. 이 본분을 소홀히 하고 이 특권을 경시한다면 교회는 영원히 거룩을 유지할 방법이 없어지고 스스로 부끄러움을 취하게 될 것이다.

6 가정교회의 직분과 호칭문제

주 안에서 모두가 형제자매이다. 그래서 기본적으로 누구나 형제, 자매라고 부른다.

바울도 자주 '내 형제들아' (빌1:12)라고 했고 사도 요한도 그들의 서신에서 '나 요한은 너희의 형제요' (계1:9)라고 했다.

1. 우리는 주 안에서 형제 자매이다.

이 의식은 기본적으로 대단히 필요한 의식이다.

서로 남을 나보다 낮게 여기고 예수님의 동생들로 하나님을 아버지로 모시고 살아가는 예수의 공동체요 예수님의 가족이다.

대형화되어 가는 교회 안에서 이 지체 의식과 가족 의식이 부족하므로 형식화 되어가며 교회 안에서 마저도 군중속의 고독을 느끼는 현실이다.

2. 우리는 직분과 은사의 차이와 권위를 인정해야 한다.

다 형제 자매이므로 가정 교회에서 문제가 일단 발생하면 해결하기가 참 어려워진다.

교회 나온지 6개월 일년된 성도가 수십년 가정 교회를 이끌고 온 지도자를 꾸짖기도 한다.

물론 잘못했으면 책망 받을 수도 있다. 그러나 교회의 질서가 혼란해지므로 그 다음 단계에서 계속적인 혼란이 일어나게 된다.

물론 가정 교회도 지하조직으로 커다란 집단에 속한 경우는 문제가 다르지만, 아무런 외부와 관계 없이 가정 교회가 홀로 서기를 하고 있는 경우에 때로는 사공이 너무 많아 배가 산으로 올라가는 경우도 없지 않다.

3. 가정 교회와 제도적 교회는 서로 배워야 함

한국의 제도적인 교회는 다시 한 번 성도 간에 서로 형제 자매임을 재 확인하고 수직 체계로만 교제하지 말고 서로 섬겨야 하며 중국의 가정 교회는 적어도 성경의 범위 안에서 직분자를 세우고 세워진 그 지도자에게는 순종함을 배워야 할 것이다.

4. 중국의 독특한 상황

물론 가정 교회의 이 호칭은 보안 유지에 도움이 된다.
아무개 목사, 장로, 집사란 호칭이 사용되면 외부에 빨리 노출이 될 것이다. 그러므로 서로 형제 자매라고 부르니 불신자도 그들이 예수 믿는자들인지를 모르는 것이다. 동시에 아무도 안수할 조직을 갖지 않고 있으니 목사는 물론 장로, 전도사, 집사도 세울 조직이 없기도 하다.
중국 가정 교회는 아래와 같은 교회의 유기성과 조직을 알아야 할 것이다.

교회의 유기성과 조직

'유기성'이란 사전에서는 '신체가 서로 다른 기관으로 구성되어 있으나 특수한 목적을 이루기 위하여 기관 간에 상부상조하므로 움직여 지는 것'이라고 정의한다.
조직이란 '한 단체에 각 부서가 그의 직책, 대리인 그리고 회원 간에 계통적으로 연합하여 하나의 공통 목표를 이루기 위하여 서로 협조'하는 것이다.

유기성이란 마치 한 그루의 나무나, 동물, 혹은 우리 몸 처럼 살아있는 것이고 조직이란 비록 사람이 그 안에 있지만 생명체는 아닌 것이다.

그러면 우리가 묻고자 하는 것은 교회는 무엇인가? 하나의 유기체이고 조직체 아닌가?

아니면 하나의 조직체이고 유기체일까? 아니면 이 두가지를 다 말한 것인가?

성경의 가르침

성경은 분명히 교회가 유기체이며 동시에 조직체임을 말하고 있다.

사도 바울은 로마에 있는 성도들에게 '우리 많은 사람이 그리스도 안에서 한 몸이 되어 서로 지체가 되었느니라' (롬12:5)고 했다. 그는 고린도 교회 성도들에게 역시 '우리가 유대인이나 헬라인이나 종이나 자유자나 다 한 성령으로 세례를 받아 한 몸이 되었고 또 다 한 성령을 마시게 하였느니라' (고전 12:13)고 했다. 이 두 곳의 말씀은 똑같이 교회를 살아있는 사람의 몸에 비유해서 교회를 유기체로 말하고 있는 것이다.

그러나 성경은 또 분명하게 하나의 조직체로 말하면서, 자주 교회를 하나의 건축물로 말하고 있다. 건축물과 신체는 분명히 다른 것으로 하나는 죽은 것이요 하나는 살아 있는 것이다. 예수님이 말씀하시기를 "내가 내 교회를 이 반석 위에 세우리라" (마

16:18)고 했다. 이 말씀은 교회가 바로 이와 같은 다양한 외적인 조직을 가지고 있는 것으로 생각하신 것이다. 사도들의 관례에 따르면 신자들이 있는 곳은 교회가 조직이 되었는데 예를 들면 바울과 바나바가 제 1차 전도 여행을 마칠 때 복음 전한 각 지역에 가서 장로들을 세웠던 것이다 (행 14:23).

성경은 교회를 '유기체' 혹은 '조직체' 라고 상세하게 말하지 않았다. 교회를 말할 때 종종 이 두 가지 성격을 합쳐서 말했던 것이다. 예를 들면 교인들을 말할 때 베드로전서 2장 5절에서 '너희도 산돌 같이 신령한 집으로 세워지라' 고 했다. 교회를 '반석' 으로 말한다면 그 반석은 '조직' 을 말하고 교회를 '신령한 집' 으로 말한 것은 '교회의 유기성' 을 말하는 것이다.

성경 어느 곳에도 무조직 교회를 교회라고 한 곳이 없다. 그러므로 한 무리의 신자들의 모임은 유기적인 교회라고 하거나 혹은 한 무리의 성도들의 모임을 조직 교회라고 말한다면 이런 두 가지 생각은 모두 합당하지 않다.

예를 들어 한 무리의 기독교 신자들이 자원하는 심정으로 뜻을 같이하여 기독교 학교나 노동 조합 혹은 크리스천 교제의 집을 세웠다고 하자, 이런 모임을 유기적 교회라고 부른다면 대단히 틀린 것이다. 왜냐하면 이런 관점은 성경에 근거가 없기 때문이다. 엄격히 말해 이런 모임은 협회이지 교회는 아닌 것이다. 그러므로 신자의 단체는 반드시 유기적인 교회이면서 조직성을 가진 교회를 가리키는 것으로, 유기성과 조직성 중에 하나라도 없어서는 안됨을 가르쳐 주는 것이다.

하나의 극단적 견해

기독교 역사를 종합적으로 볼 때 수 많은 사람들과 교파들이 모두 교회의 유기성을 강조해왔으나, 실제상에 있어서는 그저 조직적인 것 뿐이었음을 강조한다. 이런 관점을 가진 자들은 외적인 조직이 그리스도의 신앙 안에서 형제자매를 하나로 만들어 주지 못한다는 점을 강조한다. 그래서 그들은 안수 받은 목사나 기타 직원이 없고 또 교회의 행정에 대해서 언급하지도 않는다. 그래서 '교회'라는 말도 반대하는 것이다.

이런 교회관은 소위 말하는 〈순결 교회관〉이라 한다.

기왕에 중생하여 구원 얻은자는 예수님의 몸의 생명적 지체가 되었으니 중생하지 못한자는 그들 가운데서 쫓아 내버려야 한다고 하지만 실제상 불가능한 것이다. 그럼에도 불구하고 여전히 그들의 생각을 바꿀 방법이 없다. 결과적으로 그들의 고집을 계속 부리면서 누가 중생했는지 누가 중생 안했는지 단정할 수 있다고 생각한다.

이런 극단적인 편견의 결과는 완전히 교회의 조직적인 일치에 대한 이상을 소홀히 해버리게 하였다. 왜냐하면 성경에서 말하는 세상의 모든 신자는 예수 그리스도 안에서 한 몸이요 교회는 전체적이기 때문이다. 이상적이기는 하지만 이런 합일성이 조직상에 표현되는 것이 마땅하다. 다시 말해 '유형교회'는 마땅히 '무형교회'의 합일을 표현해야 한다. 이 중요한 진리가 몇몇 교회들에 의하여 매우 소홀하게 취급되어왔다. 그들은 모든 성도가 영적으로 하나되어 있으니 종파가 나눠져 있는 것은 결코 죄가 아니라고 자기 합리화를 한다. 그들은 단지 하나만 중요하다고 여기는데 즉 '모든 신자의 영적 합일(통일) 만이 중요하다'고 여긴다.

그리고 어떤 사람들이 주장하는 극단적인 견해는 특수한 교회는 유기적이면서 조직성을 띠지만, 일반교회는 모두 유기적인 교회로 여겨야 한다는 입장이다. 이런 관념은 소위 말하는 독립교회들의 입장이다. 그들은 〈한 무리의 회중은 어디까지나 독립적이다〉라고 생각하고 결코 기타 교회의 통제를 받지 않는다. 만약 문제가 발생하면 그들은 다른 교회와 의논할 수 있으나 다른 교회의 직권상 통제와 관리는 받지 않는 입장이다. 간단히 말하면 이런 비교적 온화한 태도를 취하는 극단적 견해는 교회의 조직상의 연합에 여전히 하나의 장애가 되고 있다. (요즈음 중국 가정교회의 입장이 여기에 속하는 경우가 많고 또 한국에도 이런 독립교회들이 많이 생겨 났다)

위의 입장과 반대되는 극단적 견해

어떤이는 교회는 조직체임을 강조한 나머지 유기성을 소홀히 하고 있다는 사실이다.

이런 견해는 오늘날 매우 성행하고 있는 것으로 대단히 큰 잘못을 범하고 있는 것이다.

이런 교회의 목사는 특별히 교회의 숫적 성장에 관심이 많아

교회의 순결성에 대해서는 관심이 약하다. 그러므로 그는 어떤 교인이 등록하더라도 쌍수를 들고 환영다. 왜냐하면 교회가 어느 한 사람의 신앙의 진실 여부를 측정할 길이 없기 때문이다. 그래서 목사는 신도의 중생의 여부를 확정하는 것은 멀리하고, 죄지은자에 대한 치리나 처벌을 게을리하는 것이다. 왜냐하면 그의 관심은 오직 교회의 숫적 성장에만 있기 때문이다. 그러니 자연적으로 하나님의 말씀에 대해서는 조심 없이 행하게 되는 것이다. 이런 목사는 사람 앞에서 '재간있는 목사'라고 불려질지는 몰라도 하나님 앞에서 충성스러운 목사는 아닌 것이다.

 이런 현상은 몇몇 교회만 그런 것이 아니고 대다수의 교파가 외적인 것만 추구하는 방향으로 가고 순수한 신앙의 노선으로 가지 않고 있다. 또 그런 생각을 가지고 있다 하더라도 대부분의 현대 교인들 역시 자기 교회나 교파가 하는 일을 위해서는 충성하고 열심이지만, 자기교회와 자기 교파가 하나님의 말씀에 충성스럽게 반응하는 것에만 관심을 가지고 있는 현실이다.

 교회가 연합함으로 더 견고하고 강해지며 크고 힘있는 조직이 되기를 바랐으나, 도리어 교인들이 다소 간에 걱정거리와 시험만 받고 말았다. 정확히 말하면 많은 교회가 이미 이 시험에 의해 넘어져 버렸다. 왜냐하면 그 교회가 그저 세계 교회와 하나되는 것만 알고 진리 문제는 소홀히 하고 생각하지 않았기 때문이다.

 이를 테면 어느 작은 교회가 비록 작지만 이전에 물려 받은 참진리의 말씀을 힘을 다해 사수하고 있다면, 그 교회는 숫자만 많은 교회보다는 훨씬더 강한 교회인 것이다.

후자 (작은 교회) 는 확실히 예수 그리스도의 몸이 됨을 표현하고 있으나 전자는 그렇지 못한 교회인 것이다.

균형 잡힌 견해

성경의 가르침을 믿는다고 주장하는 사람은 교회가 유기체이며 동시에 조직체라는 균형잡힌 교회관을 가지고 있을 것이다. 이렇게 하므로 교회의 순결성과 통일성을 가지고, 사람을 판단하고, 징벌할 때도 근신하며 치우치는 것을 방지할 수 있는 것이다. 교회의 적극적인 징벌과 치리를 하는 목적은 교회의 순결성을 보존하기 위함인 것이다.

교회의 유기성과 조직성의 각도에서 말하자면 한편으로는 영적으로 하나된다는 것이 사실이지만 조직적으로 하나되자면 배나 노력이 필요하다. 교회의 유기성과 조직성의 진리는 교회가 교회와 교회간에, 그리고 교파와 교파간에 조직적으로 하나될 것을 요구하는 것이다. 왜냐하면 교회는 유기적이며 또 하나의 조직체이기 때문이다.

그러므로 교회는 자연적이면서 또 초자연적이며, 유형적이면서도 무형적이며, 하늘에 속한 것으로 지금은 여전히 세상 가운데 있으면서 세상에 속하지 않은 것이다.

7

가정교회의 조직과 운영

중국 가정교회는 농촌과 도시의 생할 수준과 삶의 속도의 차이처럼 다르게 운영 조직되고 있다. 농촌 가정교회는 다수의 모임이 성행하고 있다. 모이는 인원은 적게는 20~30명에서 많게는 1천명까지도 모이는 곳이 있다. 그러나 도시 가정교회는 지역적인 특성으로 인해 주택의 좁은 공간에 20~30명이 모이거나 지하 홀을 빌려서 100명 내외를 모이기도 한다.

가정교회는 아래와 같이 세가지가 있다.

첫째는 비조직적 반정체적인 형태

이 형태는 조직이 없으며 다만 성도들이 주일에 예배 드리는 것으로만 만족하는 형태이다.

　신도들은 집회를 가지며 대부분 개인 접촉으로 전도할 분이다 그리고 간단한 성경공부를 한다. 또한 조직, 형식 그리고 대내외 활동은 없다. 이 집단의 특징은 발전이 느리고 대외적인 노출이나 핍박도 거의 받지 않는 형태이다.

　왜냐하면 해외의 지원이나 관계가 없고 자기들이 우리 구역 예배 모이듯 모임을 갖기 때문에 별 다른 문제를 유발하지 않는다. 만약 집중 단속 기간이 시작되면 유동성 있게 모임을 바꾸어 가질수 있다.

둘째는 반조직, 반 발전적 형태

　이 형태는 신도와 일꾼이 많으며 도시 중심적이다. 조직적이지는 않지만 전도 활동을 하며 규칙, 제도, 조직 훈련 프로그램도 간단히 가지고 있다. 또 대표자회의 혹은 협의 조직이 있어서 월1회 정도 모여서 주요 행사를 결정하고 파송도 한다.

　신학적으로 자기들과 동일 노선을 지향하는 교회가 적게는 4-5개 많게는 10개 정도의 교회가 연합으로 교제하며 전략을 모색하며 교회를 구성해 간다.

　이를 테면 성탄절이나 연합 세례식 그리고 야외예배 혹은 장례식이나 결혼식은 공통으로 연합 예배를 드린다. 여기 행사에 필요한 재정도 신자 숫자에 따라 분배하여 집행한다.

주일 설교도 서로 교역자가 순회하거나 바꾸어서 설교하기도 한다.

셋째는 조직적 발전적 형태

이 형태는 하남성이 대표적인 모델이다.

대내외적으로 조직을 갖추고 있으며 사역을 발전시켜가고 있다. 자체 규율과 제도 그리고 내규를 가지고 있다. 훈련 과정으로 생명회, 진리회, 1급, 2급, 3급이 있으며 이 형태는 조직적으로 전 중국을 대상으로 사역을 전개하고 풀 타임 사역자도 많이 있다.

이들이 설립한 가정교회가 중국 전역에 골고루 퍼져 있다. 이 조직은 파송-개척-목양의 순서로 전략적으로 개척성장을 하고 있다. 특징으로는 '생명회' 혹은 '진리회' 같은 양육 프로그램이 있고 교회 목양 지침이 있으며 대내외적인 활동을 은밀히 활성화하고 있다.

중국 교회는 중국 방식으로 운영되어야 할 것이다.

다시 말해 가정교회의 체질상으로 조직과 운영 그리고 사역자 사례문제 등을 서방의 개념이나 한국 교회 개념으로 조직과 운영을 고집할 필요는 없다고 본다.

우리 나라 초기에 영수 같이 모두 자기 직업을 가지고, 자기의 삶의 자리에서, 자기의 인간 관계를 중요시한 상태에서 목양하게 해야 하는 것이 기본적으로 중요하다.

무엇보다 교회 책임자는 자기 직업을 떠나지 않게 해야 한다.

은혜받았다고 몇 개월 뒤 자기 집을 떠나서 도시로 가서 훈련받는다고 야단 법석하는 것은 중국 상황에서 볼 때 그다음 문제를 야기한다. 훈련 이후에 그 사람의 삶은 누가 보장하는가? 그러므로 가능하면 자기 직업을 떠나지 않은 상태에서 열심히 일하면서 중국 사회의 특수성을 감안하여 교회를 섬길 수 있도록 신학 서적을 제공해 주고 지도자 중심으로 목양의 방법을 가르쳐 주는 것이 지혜롭다고 생각한다.

다음으로 자기 집을 잘 다스리게 해야 한다.

남편이나 아내 중에 한 쪽이 복음을 위해 헌신했다고 가정을 한 달 두달 길게는 일년이 비우게 되면 마귀가 틈을 탄다. 교회 안에는 70%가 여성신도이다. 그러므로 가정을 떠나서 살면 개인의 삶이 부정상적이 되므로 오래 사역을 뿌리 내리기 어렵다.

그리고 중국 형편에 가정이 이동을 한다는 것은 호구 문제 임시 거류증 그리고 자녀 진학 문제, 생활비 등이 현실적으로 심각한 문제가 되어 민폐를 일으키게 되고 덕을 세우지 못한다.

마지막으로 자기의 관씨를 최대한 사용해야 한다.

아시는 바대로 중국은 문화다. 일단 자기 집을 떠나면 관계가 제로 상태다.

다시 이웃과 관계를 형성하는 데는 긴 세월이 흐른다.

그리고 자기가 아무리 능력있는 종이라 해도 아무도 그를 인정하지 않는다면 인정과 신임을 어느 집단에 받기까지 긴 세월이 흐른다. 물론 특별한 하나님의 인도를 무시해서는 안된다.

그러나 여기서는 일반적으로 말해 순리적인 하나님의 인도를 받아야 한다는 것이다.

필자는 예수 믿은지 3-4개월 되는 자가 신학교 1-2년 과정 공부 후 교회도 안다는 자를 보았다. 또는 세례 금방 받은 자가 목회자라고 동분 서주하며 자기 삶이 빈궁하여 모든 성도에게 부담을 주는 가운데 할렐루야만 외치고 다니는 모습을 보면서 안타까움을 많이 느꼈다.

특히 외국의 선교 단체에 일하는 자들이 자기 실적의 도구로 중국 사역자나 어린 신자를 제자반이나 신학 훈련반에 모집하여 섣불리 그슬려 놓으므로 중국 가정 교회에 덕보다는 실을 주는 결과를 초래할까 심히 걱정스럽다.

8 성도의 교제

초대 예루살렘 교회는 '저희가 사도의 가르침을 받아 서로 교제하며 떡을 떼며 기도와 전도에 힘쓰는 교회'였다. 마찬가지로 가정교회는 가장 큰 장점 중에 하나가 가족 같은 교회, 교제하는 교회에 있다고 본다. 한국의 구역 예배처럼 오순도순 모여 예배함으로 서로를 잘 알고 교제하게 되는 것이다.

이 교제는 아래와 같은 것들이다.

1) 말씀 안에서 교제

매주일 예배 시에 서로 간증을 하면서 신앙의 문제들이나 자신의 경험을 자연스레 나누며 교제한다. 동시에 중국인은 모두 말을 잘하는 특징을 가지고 있으므로 늘 시간이 부족하고 예배 후에도 밤 늦게 까지 남아서 대화를 나누다 돌아간다.

2) 예배후 식사하면서 교제

초대교회처럼 식사를 하면서 이야기하며 만두를 빚기도 한다. 한국의 남존여비와는 달리 사회주의 가정은 남녀동시에 부엌에서 일하는 것이 통례이므로, 자유롭게 남자형제들이 부엌에서 반찬을 만들어 섬기며 설거지를 하며 기쁨을 나눈다.

3) 찬송 테이프나 서적 나누는 교제

중국에는 비디오문화를 거치지 않고 바로 CD문화가 일반화되어 버렸다. 그래서 찬송 설교 간증 CD를 구하면 제빨리 복사하여 나눈다.
최근의 십자가 CD는 중국 교회 지도자 소개, 문화혁명시의 핍박사, 가나안 찬송 그리고 각 지역의 가정교회 신앙소개 간증이 그 내용을 이루고 있다.

4) 기도 안에서 교제

공적으로 집회를 가질 경우 한 사람씩 돌아가며 기도 한다.
단순히 대표 기도만하는 것이 아니고 공적 기도 제목을 가지고

통성으로 기도하기도 한다.

어쨋던 이 영적 교제는 가장 중요한 교제 중에 하나이다.

사도신경에서 '성령을 믿사오며 성도가 서로 교통하는 것'이 교회론의 핵심이다.

이 교회론은 다시 성령론과 불가분리인 것이다. 교회는 성령님이 역사하고 다스리시는 곳이다. 성령안에서 나누는 교제야 말로 세상의 그 어느 교제와 구별되는 것이다.

교회의 성도의 화목

교회는 예수 그리스도의 몸이고 예수님은 그 교회의 머리이시다.

그를 믿는 모든 자는 모두 교회의 지체이다. 그의 머리가 존귀하고 영광스럽기 때문에 그래서 교회는 영광스러운 것이다. 또 각 지체간에 아름답게 조화를 이루고 있기에 영광스러운 것이다.

조화의 필요성

표면적으로 볼 때 교회에서 나타나는 것은 결코 화목하는게 아니고 의견이 맞지 않고 종종 충돌하여 자꾸 분열하는 것 같다. 사실 매 시대마다 유형교회 가운데 굉장히 엄중한 교파 분열이 있었다.

이런 연고로 성경은 자주 성도들에게 '온유와 겸손한 마음으로 주안에서 하나되라'고 권면하고 있는 것이다. 빌립보 4장 2-3절에 '모든 겸손과 온유로 하고 오래 참음으로 사랑 가운데서 서로 용납하고 평안의 매는 줄로 성령의 하나되게 하신 것을 힘써 지키라'고 했다. 같은 이유로 바울은 고린도 교회에 분당이 생겼을 때 교우들에게 편지를 써서 '형제들아 내가 우리 주 예수 그리스도의 이름으로 너희를 권하노니 다 같은 말을 하고 너희 가운데 분쟁이 없이 같은 마음과 같은 뜻으로 온전히 합하라'(고전 1:10)고 했다.

교회의 분쟁의 원인은 어디에 있는가?

거기엔 두 가지 특별한 원인이 있다. 하나는 교회 안에 항상 중생하지 못한자가 있으므로 교회의 분열을 조장하는 것은 피할 길이 없는 것이다. 이런 자를 가리켜 바울은 갈라디아교회 성도들에게 편지를 쓸 때 '너희를 어지럽게 하는 자들이 스스로 베어버리기를 원하노라'(갈 5:12)고 했다. 교회 안에 화목을 견지하기 위해서 충실한 징계의 집행이 필요하다.

교회의 신도들 가운데 몇몇이 그리스도에 대하여 배도를 표시하여 교회로 하여금 분열하게 할 때 진정으로 교회에 속해 있는 성도들도 역시 모두 굉장히 가슴아픈 일인 것이다.

또 하나 분명한 다른 이유는 사람의 몸의 사지백체 오장 육부가 서로 보호하며 조화롭게 움직여지는 것은 머리의 지시를 따르기 때문이다. 만약 그리스도의 몸의 각 지체가 그리스도에게 순복하면 교회는 자연히 화목하게 되는 것이다. 예수님은 마치 주께서 사랑하신 것처럼 지체들이 서로 사랑할 것을 권면하셨다. 그런데 반대로 서로 남을 나보다 낮게 여기기 보다는 항상 교만과 질투의 죄를 지어왔던 것이다(빌2:3).

성경은 여러번 신자들에게 '모든 악독과 모든 궤휼과 외식과 시기와 모든 비방하는 말을 버리라' 고 했다(벧전2:1). 그들은 역시 주 예수께서 제자들에게 하신 말씀을 한다. "진실로 내가 너희에게 이르노니 너희가 돌이켜 어린아이들과 같이 되지 아니하면 결단코 천국에 들어가지 못하리라"(마18:3). 왜냐하면 몇몇 제자들이 장래에 천국에서 누가 크냐의 문제로 쟁론했기 때문이다. 그런 권력과 이익을 다투며 회개하지 않는 자는 천국에 어울리지 않는 자들이다.

화목과 조화의 외적 모습

교회의 화목은 왕왕 단지 외적일 뿐이고 비실제적이다. 소위 화목이라는 것이 겉만 번지르르하고 유명무실하게 되는데 언제 이렇게 되는가? 바로 교회가 그 중의 죄악을 대항하는 것을 잊어 버리고 지날 때이다. 예를 들어 어느교회에 어떤 분이 분명히 큰 죄를 드러나게 지었다고 하자. 이 죄를 정말로 제압하려면 필연적으로 교회의 화평이 시끄러움으로 변하게 된다. 이런 상황에서 혹시 어떤 분이 말하기를 "뭐 별 문제가 됩니까? 우리 중에 죄 없는사람이 어디 있습니까?"라고 하면서 죄를 비호한다면 교회가 한 바탕 일어날 폭풍을 제압시켜 화평을 유지할지는 모르나 그냥 지나가는 것은 영적으로는 교회의 치명타를 입히는 것이다.

다시 예를 들어 교회에 진리문제로 논쟁이 일어나 서로 반대되는 두 무리로 나누어 졌다고 하자. 그러나 실제에 있어서는 다수의 사람들이 자기 입장을 양보함으로 분쟁을 그치고 서로 평안히 지냄으로 중용의 태도를 유지하게 되었다고 하자. 비록 토론의 진리가 굉장히 중요한 것으로 교회의 존폐에 관계된 문제였음에도 그들은 모두 이 '교리가 뭐 그리 대단한가' 라는 태도를 취했다. 비록 한 무리는 근본적으로 바른 교리였고 다른 무리는 근본적으로 틀린 교리였다. 그러나 그들은 도리어 쌍방간에 모두 잘못이 있다는 식으로 얼버무려 끝을 내어 버렸다. 그들이 내세운 쌍방 간의 죄란 비평을 한 두 무리 모두가 지나치게 트집을 잡아 (뽀족하게 잘믿느다는 식으로) 쌍방간에 변론의 영향을 미쳤다는 것이었다.

이상의 경우 과연 그들의 말이 조금 일리는 있으나 〈교리에 대하여 냉담하게 관심을 갖지않는 큰 죄〉를 지은 것이다. 그들은 교회의 화평 때문에 진리문제로 열을 내는 것을 교만으로 여기는 것이다. 더더욱 슬픈 일은 적당히 좋은게 좋다고 양보하는 그들이 교회의 무너지는 속도를 부채질하는 자들이다.

중요한 교리 노쟁을 할 때 중간노선을 걷는 화평주의자는 이미 수많은 교회를 망쳤던 자들이다.

선지자 스가랴가 그 때 유대인들에게 말하기를 스가랴 8장 19절에 '오직 너희는 진실과 화평을 사랑할 찌니라'고 했다. 그러나 그가 결코 진실(진리)를 희생하고 화평을 추구하라고 하지 않았던 것이다. 왜냐하면 진리를 팔아서 화평을 얻는 것은 근본적으로 진정한 화평이 아님을 알았기 때문이다. 그는 진리는 진정한 화평의 절대 조건으로 여겼고 그는 오직 진리의 길만이 화평의 길로 인도하는 확실한 과정임을 알았기 때문이다.

9

삼분설

전통적 교회는 영육으로 이뤄진 전인적 인간관을 가지고 있으나 가정교회 특징 중에 하나는 철저히 삼분설을 양보할수 없는 진리인양 사수하려는 경향이 있다.

중국 가정 교회의 인간론은 주로 워치만니(니투어셩)의 삼원론적 인간론을 받아드리고 있다. 그는 인간을 영, 혼, 육으로 나누어 구분하고 있으며, 따라서 기독교인은 자기 안에 어떤 것이 영에 속한 것이고, 혼에 속한 것인지를 구별하여 영으로 혼을 무찌르도록 주장한다.

필자가 섬긴 가정 교회의 원로는 모 대학의 교수로 은퇴하신 경건한 노인이셨다.

내가 가서 한 달 동안 설교할 때 병든 몸을 이끌고 와서 설교를 듣고 말하기를 "이 분은 참으로 하나님의 말씀을 바르게 증거하는 분이니 이 분의 가르침을 받으라"고 한 후로 다시 못나오시게 되었다. 그런데 그 분도 강하게 삼분설을 믿고 가르친 자였다. 그는 말하기를 영속에는 이성과 의지와 감정이 있는데, 자신이 혼과 육체 속에도 이것이 있어 서로 싸운다는 것이다. 그리고 사람은 영적인 신자와 혼적인 신자 그리고 육에 속한 사람이 있다고 하였다.

영적인 신자는 예수와 연합되고 성령 충만한 자이며, 혼적인 신자는 동물과 같이 본능 적으로만 사는 자, 육에 속한 사람은 자연인으로 설명하였다.

교회사적으로 볼 때 초대교회로부터 19세기 교회까지 인간론은 주로 이원론이 주류를 이루어 왔다. 즉 인간은 영혼과 육체로 이루어져 있고 영혼과 육체의 결합이 현세에서의 생명이 된다는 것이다.

성경에서 영과 혼의 통용

1) 사람이 온 천하를 얻고도 제 목숨을 잃으면 무엇이 유익하리요(막 8:36).
여기에서 목숨은 히랍어로 '푸시케이' 즉 '혼' 이다.
2) 사람이 죽으면 그의 영이 떠나가게 되는데 '예수께서 죽으시기 전에 큰 소리로 불러 가라사대 아버지여 내 영혼을 아버지

손에 부탁하나이다'라고 했을 때 영혼은 희랍어로 '프뉴마' 즉, 영이다.

3) 요한3서 2절에 '사랑하는 자여 네 영혼이 잘됨 같이 네가 범사에 잘되고 강건하기를 내가 간구하노라'고 했는데 여기서 영혼은 희랍어로 '푸시케이' 즉 '혼'이다. 즉 혼의 잘됨을 말하고 있다.

4) 오순절에 회개하고 구원 얻은자가 3000명이라고 했다. 여기에서 3000명의 혼이라고 표현하고 있다(행 2:40-41).

이상에서 종합해 볼 때 성경신학적으로 영과 혼은 구분되는 것이 아니라 통합되고, 통용되고 있음을 알 수 있다.

그러나 현실적으로 가정 교회에 접근 할 때 당신은 삼분설을 믿는가 이분설인가?

당신은 삼분설에 대해 어떻게 생각하는가? 무엇이라고 대답할 것인가?

이 질문은 언젠가 당하게 되어 있다. 또 이 질문의 회답 여하에 따라 관계가 맺어지기도 하고 갈라지기도 한다.

필자의 경험을 소개하면 다음과 같다.

가정 교회의 어느 지도자가 개인적으로 어느날 나에게 이분설과 삼분설에 대해 물어왔다.

그래서 나는 한마디로 "커이 펀시, 딴스 뿌커이 펀리" 즉 "분석은 가능하나 분리는 안된다"는 말로 대답했다.

다시 말해 삼분설도 이분설도 분석해 보는 것은 가능하지만, 사람을 〈전인적인 존재〉로 보아야 한다는 말이다. 그 이유는 다음과 같다.

1) 고린도 후서 7장 1절에서 '그런즉 사랑하는 자들아 이 약속을 가진 우리가 하나님을 두려워 하는 가운데서 거룩함을 온전히 이루어 육과 영의 온갖 더러운 것에서 자신을 깨끗하게 하자' 여기에서 사람이 범죄할 때는 영만 범죄하는 것이 아니라, 육과 영이 함께 범죄하는 것란 점이다.

2) 살전 5장23절의 해석문제

사실 삼분론자가 가장 잘 인용하는 말씀이다.
그러나 이 말씀을 인용하여 삼분설을 주장하는 것은 자가 당착이다.
왜냐하면 이 본문이 사람을 삼분설로 나누어 영이 가장 고상하고 그 다음은 혼이고 육은 더러운 것을 증명하거나 뒷바침하는 말씀이 아니기 때문이다.
오히려 이 본문은 주 예수그리스도의 날까지 이 세가지가 잘 보전되기를 원하고 있기 때문이다. 다시 말해 부활할 때 이 몸이 영광스러운 몸으로 부활할 것이기 때문이다.

3) 영이 거룩하고 육이 더럽다면 예수님이 왜 육체를 입고 이땅에 오셨는가?

그리고 예수님의 육체가 십자가게 달리심으로, 또 그 육체의 피를 흘리셨고 그 피로 우리 죄가 씻음 받지 않았는가? 여기에서도 육과 영을 구분 할 것인가? 아닌 것이다.

예수님의 전인적인 존재가 우리를 대속하신 것이다.

3) 역사적으로 본 삼분설의 위험성

(1) 삼원론적 인간관은 잘못된 구원론을 초래할 가능성이 있다.

인간이 범죄할 때 그의 영은 죽지만 혼은 여전히 산다고 한다. 이것을 가리켜 동물적 생명, 자연적 생명이라고 표현한다. 사람이 예수를 믿으면 영이 살아나고 하나님과 교통하므로 영에 속한 자가 된다고 가르친다. 다시 말해 인간의 구원이 전인적인 것이 아니라 〈영〉이 구원을 받는다는 것이다. 이런 사고는 결국 부활도 영의 부활만을 기다리게 되는 위험을 안고 있는 교리이다.

그래서 가정 교회 안에서도 부활론의 의견이 서로 충돌되고 있다. 어떤이는 영의 부활만을, 어떤이는 영육간의 전인적인 부활을 믿는 것이다. 그러나 우리의 부활은 예수님의 부활처럼 부활할 것이다. 왜냐하면 그는 우리의 부활의 첫 열매이시기 때문이다.

"영은 살과 뼈가 없으되 나는 있느니라"고 주님이 부활하신 후 보여 주시었다.

(2) 삼원론은 잘못된 성화론을 초래할 가능성이 있다.

이미 교회 역사 속에 영과 육을 분리하여 영은 선하고 육체는 더러운 것이라는 사상으로 두 가지 커다란 잘못된 사상이 나왔다. 하나는 쾌락주의요 다른 하나는 금욕주의였다.

인간을 영과 육으로 분리해서 생각하는 것도 영, 혼, 육으로 분리해서 생각하는 것도 동일하게 이런 잘못된 결과를 가져올 위험을 가져다 준다.

그래서 필자는 전인론적 관점에서 "커이 펀시, 뿌커이 펀리"를 주장하는 것이다.

왜 이런 분석이 가능한가? 그것은 신학도 학문이기에 학문함에 있어서 분석하고 생각할 수 있다. 그러나 그것은 현실에 있어서 그 분석의 실체는 〈전인적〉이기 때문이다.

마치 의학에서 눈을 분석해서 여러 기관과 구조를 살필 수 있다. 그러나 항상 그 때 전제는 온 몸의 살아있는 유기체 안에서 눈을 분석하고 연구함이지 그렇지 않으면 그 눈은 죽은 눈이 되는 것이다.

왜냐하면 영만 선하고 혼과 육은 더럽기 때문이다. 이것은 근원적으로 그노티시즘과 관련있는 발상인 것이다. 이 사상은 교회사 속에 독초와 같이 계속 번식해 내려 왔다.

그러나 성경은 로마서 12장 1절에서 '너희 몸을 하나님이 기뻐하시는 거룩한 산 제사로 드리라 이는 너희의 드릴 영적 예배니라' 고 했다.

여기에서 우리의 온 〈몸으로〉 드리는 예배가 가장 〈영적인 예배〉가 된다고 가르치고 있다.

참으로 놀라운 전인성을 강조하는 말씀인 것이다.

(3) 삼원론적 인간관은 세상과 문화에 대한 부정적이고 염세적인 경향을 초래하게 한다.

위의 2항에서 언급했듯이 영적인 것만 추구할 경우 물질적인 것에 대해서는 무시하거나 등한시하게 되어진다. 따라서 세상에 대한 관점이 비관적이고, 염세적이 되어 냉소적인 삶을 살게 된다. 물론 가정 교회 성도 중에는 세상에서 하나님이 주신 분복을 누리는 신자가 있으나 필자가 느끼기로는 대부분이 초라하거나, 피동적인 인생을 사는 경향성과 지나치게는 은혜를 받아 신앙이 깊어질수록 직업에 충실하지 않는 경향성을 발견하고 때로 권면하기도 했다.

이것은 다분히 영적인 것만을 강조한 삼분설 사상의 영향이라고 생각된다.

지도자 양육과 지도자 재교육

1. 지도자 양육

가정 교회에 제일 시급한 문제 중에 하나가 지도자 양육일 것이다.

이일을 위해서 가정 교회 지도자 중에 능력과 영력 그리고 실력을 겸한 자가 각 지역으로 다니며 가르치는데 그 자신도 전문적인 신학 교육을 받지 않았을 경우 만족할 만한 양육은 이뤄지지 못한다. 그래서 대만이나 홍콩 싱가포르 혹은 세계 각국에 흩어져 있는 화교 중에서 신학 훈련을 받은자가 한 두간 두 주간 집중적으로 지도자들만 모아서 훈련시키기도 한다.

이런 훈련은 한 장소에서 함께 식사하며 공동 생활을 하므로 이뤄진다.

현실적으로 가정 교회 지도자들의 학력이 평균 중졸 정도 전후이다.

그러므로 21세기의 급변하는 사회 속에서 자라나는 신세대와 젊은 청년들을 인도하기에 여러 가지 한계가 있다. 물론 모여서 성경을 배우고 설교학, 성경, 신학, 조직신학, 교회사, 상담학, 권별 주해와 개론공부를 하지만 응용력이 부족하여 〈자오번 쉬엔크어〉 즉 배운 노트에 의존해서 돌아가 설교하는 경우가 많다.

함께 합숙하면서 워크숍을 시켜 보면 매우 힘들어 한다. 왜냐하면 응용력이 부족하기 때문이다. 아직은 상식이 부족하고, 사고 훈련이 사회주의 교육 안에서 암기 위주였기 때문일 것이다.

그래서 좀더 중장기적으로 그들을 교육 과정을 가지고 가르치는 것이 필요하다. 그래서 〈호프〉와 같은 선교 단체에서는 지도자 훈련 프로 그램을 운영하기도 한다. 그 과정은 1년-3년 과정으로 훈련 중심이며 별도의 금전적인 지원은 하지 않는다.

2. 지도자 재 교육(연장 교육)

이전에는 소위 영해를 하여 설교해도 모두 '아멘' 하였으나 신자들의 지식 수준이 높아지고 주석 성경을 갖고 있는 신자가 늘어나자 좀더 깊은 말씀의 접근과 분석, 해석 그리고 적용을 요구하는데 지도자들이 따라가지 못하고 있는 현실이다.

그래서 어느 지도자가 필자에게 "아무데나 가서 가르치지 마시고 꼭 지도자부터 먼저 교육 시켜 주세요"라고 간절히 부탁하였다. 또 "지도자의 아픔과 고통과 문제는 지도자들끼리 모여야 해소가 되고 해답을 찾고 기도하고 말씀 속에서 재 충전 되어 나아가 현장에서 잘 섬길 수 있을 것이 아닙니까?"라고 말하였다. 다시 말해 성도들이 볼 때 자신을 대단한 주의 종으로 보고 있는데 실재적으로 영적으로 기갈 상태에 있는 자신의 모습 속에서 돌파구를 찾지 못하고 있다고 솔직히 고백한 것이다.

3. 각 선교 단체들의 각개 전투

중국 가정교회를 돕는 한국 교회의 선교회와 기관들은 각개전투를 하고 있다. 그리고 지금까지 출판된 책들은 주로 기초과정에 치중되어 있다. 이제 좀더 깊이 있는 성경신학과 조직 신학 그리고 응용신학 분야의 문서 선교를 해야 할 것이다.

비교적 대만과 싱가포르 그리고 홍콩에서 신학서적이 들어오고 그것이 다시 복사되어 사용되고 있는 형편이다. 여기에 몇가지 문제점이 발견되고 있다.

첫째는 각각 신학적 배경이 다르므로 혼란을 빚기도 한다. 지난번 세미나에서는 영은파가 와서 강의하고 이번에는 장로교파가 와서 성령론을 강의하므로 혼란이 야기될 수 밖에 없다.

둘째는 한국교회의 조선족 교회를 물량화하여 세속화하게 하듯, 중국교회 지도자들로 하여금 물질에 종이 되게 할 위험이 다분하다.

역사적으로 1842-1949년까지 중국 전도인의 91.5%는 서양 선교사로부터 월급을 받고 일해왔다. 그후 공산화되어 반세기가 흐르는 동안 순결하게 정화되며 믿음으로, 절대 헌신과 겸손 그리고 청빈으로 가정교회를 섬겨왔다. 그러나 개혁과 개방이 되면서 외국 선교사들이 들어가 식비 차비 그리고 일년 목회비까지 지급하므로 차츰 해외 의존도가 높아지게 되고 있다.

셋째는 연구하며 선교하는 태도가 결여되어 있다.

무조건 중국에 들어와 한국식으로 제자 훈련, 양육, 성경공부라고 하면서 한주간 혹은 두 세달씩 강의를 하고 있다. 그러나 먼저 필드를 알아야 바른 교육이 이뤄질 수 있을 것이다.

중국인의 세계관 가치관 사상과 역사관 유물론 사상과 막스 레닌주의 그리고 가정교회와 삼자교회의 역사 그리고 장단점 등을 연구해가면서 지도자 양육을 해야 할 것이다.

사실 필자는 93년도부터 지도자 훈련 단기 과정을 돕기 위해 삼년동안 들어와 섬기다가 이 곳에 소명을 받고 들어와 섬기게 되었다. 다시 말해 한국의 제도적 교회에서는 수 많은 학습의 기회와 방법론은 발전 되었으나, 이곳의 가정교회의 깊은 영성적인 측면을 비교 할 때 너무나 화석화되어 버린 자신의 모습을 발견하고 가르치면서 자신이 도전 받고 은혜 받게 되었던 것이다.

하나님이 기회 주시는데로 이곳에 들어와 이곳 지도자들과 함께 삶을 나누고 목회자료를 나눔으로 서로서로 큰 유익을 받게 되리라 확신한다.

11

주일학교

중국 헌법에는 18세 이하의 사람에게는 종교 교육을 시킬 수 없게 되어 있다.

그 말은 초중고가지 칼 막스와 레닌 모택동 사상 교육을 시키면 공산주의로 사상화 시키겠다는 의미이다. 마귀는 대단히 지혜로와 세상의 사상과 권력을 사용하여 하나님의 교회와 그 백성을 잡아먹으려고 하고 있다.

나는 조국과 공산당을 가장 사랑합니다.
나는 꽃을 사랑합니다.
나는 우리 마을을 사랑합니다.
나는 내 친구를 사랑합니다.

나는 엄마 아빠를 사랑합니다.
　　나는 조국과 공산당을 〈가장〉 사랑합니다.

　이 시가 국민학교 1학년 책에 나와 있는 것이다. 어릴 때부터 사랑을 고백하게 하고 있다. 그 사랑의 마지막, 가장 사랑하는 것이 무엇인가? 그것이 사회주의 교육의 목표이다.
　중국학교 교육의 이념은 다음 4가지 특징을 가지고 있다.
　1) 마르크스주의 이념
　2) 중국적인 특색의 사회주의 이념
　3) 영웅적 희생주의 이념
　4) 애국주의 이념
　(상세한 내용은 장영생 '중국 학교 교육의 기본 이념에 관한 연구' 논문 참고, 고신대학원 1997)
　우리 아이들이 이곳에 국민학교에 들어가게 되자 당장 그 다음 날 빨간 마후라를 준비하게 하고 어린이 공산당에 소속하게 하였다. 그러나 우리아이들이 학교를 가지 않겠다고 했다.
　나는 "애들아 빨간 마후라는 공산당의 색깔이기도 하지만 예수님의 십자가의 보혈을 의미할 수도 있는 거란다" 그러니 이것을 매고 학교에 가서 예수님의 학생으로 공부하거라고 타일러 보냈다.
　장남이 중학생이 되어 어느날 나에게 "아버지! 세상에서 가장 위대한 사상이 무엇인지 아세요?" 글쎄 라고 하자 "아버지! 칼 막스와 레닌 그리고 모택동 사상이 제일 위대한 사상 아닙니까?" 라고 하는 것이었다. 나는 깜짝 놀라지 않을 수 없었다. 그래서 "얘야 세상에서 가장 위대한 사상은 〈예수님 사상〉이야"라고 가르쳐 주었다.

그해 나는 처음으로 본부에 이 사실을 보고하였고 본부에서는 그 아이들을 여름 방학에 한국 〈MK〉 즉 선교사 자녀 수련회에 참가 시켜 성경을 배우도록 했던 것이다.

그러나 참 교회는 어릴 때부터 자녀의 신앙 교육을 자신의 신앙을 위해 힘쓰듯이 힘써야 하는 것이다. 그래서 삼자교회 중에서도 목회자에 따라 주일 학교가 있는 교회가 있고 없는 교회가 있다.

그러면 가정 교회는 어떤가?

주일학교가 따로 없고 부모님이 모이는 대예배에 참석한다. 그러나 그 말씀이 아이들에게 너무 어렵고 힘든 것이므로 부모와 함께 참석하는 아이들이 너무나 적다.

거기에다가 주일학교가 있기는 하나, 자료와 주교 교사의 부족으로 아이들을 가르칠 선생이 없다. 최근 어린이전도협회에서 〈미아오미아오슈〉라는 교사용 책을 만들어 보급하고 있는 것은 대단히 고무적인 일이다.

그 책의 내용은 활동과 유희, 설교한 편, 토론 제목 1개, 기도, 찬송 한 곡, 그림 그리기 소재 하나 등으로 편성되어 있다.

현재 중국은 비디오 보다 〈CD〉 문화가 더 발달 되어 있다.

CD 한 장에 10원에 팔리고 있다. 그래서 수 많은 저질 문화의 작품이 청소년을 유혹하고 있다. 교회는 거의 이런 문화 전쟁에는 손을 못쓰고 있는 실정이다.

감사하게도 어린이전도협회등을 비롯하여 중국어린이 교재를 계발하고 보급하고 있다.

〈이거쩐스더 꾸스〉, 전도용 CD와 어린이 전도용 만화와 어린이 설교 테이프 노래 등이 있다.

12

삼자교회와의 관계

가정교회 성도들이 삼자 교회와 관계를 할 때 크게 세가지 종류로 나눠진다.

먼저 극단적 분리 입장이다. 이들은 삼자교회를 마귀의 손 아래서 놀고 있는 집단으로 생각한다. 그래서 삼자의 인쇄물은 보지 않는다. 다른 하나는 중간온건파이다. 이들은 어느 교회든 알곡과 가라지 있는 법이므로 마지막 심판 때에 주님이 심판 하실 것으로 생각하고 중도적인 자세를 취한다.

마지막 하나는 자유로운 교제파이다. 그래서 그 지역에 삼자교회가 있으면 거기도 가서 예배와 교제를 하고, 성경이나 삼자나 애덕기금회에서 출판한 책을 사서 나누기도 하고 공급도 한다.

가정교회가 삼자교회를 보는 관점

삼자교회는 중국이 개방된 후 스스로 재건한 것이 아니라, 중국공산당에 의해 재건된 것이라고 본다. 그래서 가정교회는 중국공산당이 재건한 삼자교회를 참 교회일 수 없다고 생각한다.

삼자교회의 문제는 통일교나 지방교회와 같은 이단이라기 보다는 성경의 진리에 어긋나는 교회라는 것이다. 가정교회 영수가 삼자교회의 문제로 지적한 내용은 다음과 같다.

1. 삼자교회의 신학

삼자교회의 대표 정광훈 주교의 신학은 인쇄된 문건을 통해 볼 때 삼자교회에는 문제가 있다. 그는 "중국교회의 부흥을 막고 있는 장애는 예수의 부활이다. 위대한 사람이 사후에 사람들의 마음 속에 살아 있을 수는 있지만, 어떻게 실제로 죽음에서 살아날 수 있는가? 그것은 불가능한 일이다"라고 하였다. 삼자교회의 신학을 '통전신학'(統戰神學) 으로 부르는 것이 타당할 것이다. 삼자의 신학은 이단이라기 보다는 정치와 야합하여 정부가 요구하는 대로 따르고, 정부가 주장하는 것을 성경에서 근거를 찾아 지지하는 신학이기 때문이다. 이는 삼자에 특별한 신학이 있는 것이 아니라, 정부의 요구에 의해 이렇게도 하고 저렇게도 하는 것이다.

6·4사태때 정광훈이 처음에는 학생들의 입장을 지지하다가 등소평이 학생들의 주장을 반대하자 돌이켜 정부의 입장을 지지하고 학생들의 주장을 반대한 것에서, 통전신학의 한 면을 분명하게 볼 수 있다. 삼자신학을 여러 가지로 부를 수 있으나 삼자교회를 자극하지 않기 위해 통전신학으로 부르는 것이 합리적일 것이다.

2. 삼자교회의 신학교

중국에 17(또는 18) 개의 신학교가 있지만 대표적인 신학교는 남경에 소재한 금릉협화신학원이다. 신학교에 이런 말이 있다고 한다. "1년은 신에게 배우고, 1년은 사람에게 배우고, 1년은 귀신에게 배운다"

1학년 때는 신학을 배우고, 2학년 때는 정치, 사회 등에 대하여 배운다고 한다. 신학생들이 교수들과 친해졌을 때 교수댁을 방문해 보면 교수들이 술과 담배를 하고 마작을 한다고 한다. 3학년이 되어서 졸업을 하게 되면 북경이나 남경 등 좋은 곳에 배치받으려고 부모들이 뇌물을 쓴다고 한다. 대부분의 신학생들이 신학교에 지원하는 동기가 불순하다. 70-80%정도는 소명도 없이 신학교가 대학보다 입학시험 점수가 낮고, 본과 4년을 졸업하고 연구원을 졸업하면(남경금릉협화신학원의 경우) 외국에 유학을 보내주고, 목사가 되어도 월급이 일반직장보다 나아서 신학교에 지망한다는 것이다. 약 20% 정도는 소명을 받아서 신학교에 가는데

2년을 견디기 어렵다고 한다.

삼자신학교라도 신학교마다 성향이 다르다는 주장이 있다. 금릉협화신학원은 자유주의적 경향이 강하지만, 연경신학원 같은 경우는 상당히 복음적이라는 것이다. 그래서 중국이 완전히 개방되어 삼자교회에 신학적인 갈등이 생기게 된다면 남경금릉협화신학원은 자유주의를 대표하고, 연경신학원은 복음주의를 대표하게 될 것이라고 기대하기도 한다. 그러나 최근 소식에 의하면 연경신학원도 복음적인 교수들이 자유주의 노선의 교수들로 대체되고 있다고 한다.

3. 삼자교회의 설교

삼자교회는 부활과 재림에 대해 설교하지 않는다. 재림과 신천신지의 도래를 설교하는 것은 이 땅에서 지상천국을 추구하는 공산주의와 삼자교회의 주장과 어긋나기 때문이다. 남방 지역의 삼자교회 같은 경우 정치적인 설교를 하는 목사들이 있지만 복음적으로 설교하는 목사가 같은 교회에 있기도 하다고 한다. 어느 선교사가 경험한 바에 의하면 오전에 늙은 목사가 정치적인 설교를 했는데 오후에는 젊은 목사가 복음적인 설교를 하더라는 것이다. 이에 대한 가정교회의 반박은 다음과 같다. 전에는 삼자교회에 정치적인 설교만을 강요했지만, 이제는 성경적인 설교도 하게 한다는 것이다. 성경적인 설교를 하게 함으로 외국에 삼자교회의 변화를 보여주고, 가정교회의 신자들과 지도자들을 현혹시키기 위한 것이라는 주장이다. 그렇기 때문에 삼자교회 목회자들이 성경적인 설교를 하는 것이 중요한 것이 아니라 성경적으로 믿고 행동하는가가 관건이라는 것이다. 가정교회는 삼자교회가 성경적으로 설교한다고 해도 실제로는 그렇게 믿고 행동하지 않는다고 간주한다.

그러나 대체적으로 가정 교회가 삼자 교회에 참여하지 않는 이유는 아래 5가지 이유이다.

1) 삼자교회와 가정 교회의 머리가 다르기 때문이다.

삼자교회는 정부와 공산당을 머리로 두고 있으며 종교 정책을 원칙으로 교회를 조직하고 치리한다. 그러나 가정 교회는 예수 그리스도를 머리로 두며 성경의 가르침을 원칙으로 교회를 조직하고 치리한다(엡 4:11-16 골 1:17-18).

2) 삼자교회와 가정 교회의 성직 수여가 다르다.

삼자 교회 속의 성직 종교 인사는 반드시 종교 사무국의 허락을 받은 후에 세워질 수 있다. 그러나 가정 교회는 성령의 기름 부으심과 진리의 훈련을 받은 은사 있는 사람이 교회의 인정을 받고 영적이고 도덕적인 자질이 부합 될 때 비로소 세워진다(엡 3:7 딤후 2: 1-2).

3) 두 교회의 뿌리가 다르기 때문이다.

삼자교회는 정부에서 발기한 삼자혁신 운동에 의하여 탄생되었으며, 사회복음의 신신학을 주장하는 우야오쫑에 의해 시작되었다. 삼자의 일부 발기인은 사실 기독교인이 아니었다.
그러나 가정 교회는 성경을 신앙의 기초로 근본주의와 복음주의 전통을 계승하면서 발전하였다(엡 2:19-20).

4) 삼자교회와 가정 교회의 가는 길이 다르기 때문이다.

삼자는 정교의 합일을 실시하고 있으며, 삼자교회는 정부의 종교 정책에 순종하고 정치운동에 참가하고 있다. 그러나 가정 교회는 정교 분리원칙을 주장하고 있으며 성경에 부합되는 원칙 아래서 정부에 순종하고 있다. 그러나 양자가 서로 저촉 될 때는 하나님의 말씀을 순종하며 사람을 순종치 아니한다. 또 하나님께서 순종하기 위하여 대가를 지불하기를 원하시는 데 이것이 바로 십자가의 길을 걷는 것이다(행 5:28-29).

5) 두 교회의 사명이 다르기 때문이다.

삼자교회는 예배당 안에서만 복음을 전하고 설교하며 이러한 것을 지키는 일을 한다. 그러나 가정 교회는 복음 전도의 지상 명령에 순종하여 주의 교회를 발전 시키는 일을 한다(마 28:19-20).

가정교회의 치리와 권징

교회의 3대 표지는 말씀과 성례 그리고 치리에 있다. 그러나 한국 교회도 권징이 제대로 시행되지 못하고 있는데 비제도적인 중국 가정교회는 더더욱 권징이 시행되기 어렵다.

디모데전서 4장 14절에 '네 속에 있는 은사 곧 〈장로의 회〉에서 안수 받을 때에 예언으로 말미암아 받은 것을 조심없이 말며 이 모든 일에 전심전력하여 너의 진보를 모든 사람에게 나타나게 하라고' 했다. 여기에서 장로의 회는 치리회이다. 예루살렘 교회에서 지방 교회가 문제가 있을 때 회의를 모여 토론하고 결정하고 편지를 써서 회람하므로 교회를 다스려 갔음을 사도행전 15장에서 볼 수 있다. 가정 교회는 이 점에 있어서 취약하다.

실제로 헌금 유용 사고의 경우나 음행한 젊은 사역자(이혼과 재혼)의 경우도 방치되고 있는 현실이다.

지도자들의 교육 내용 중에 목회학과 상담학의 필요성이 시급하다.

가정교회 지도자들이 알아야 할 교회의 권징과 치리에 관한 내용을 약술하면 아래와 같다.

교회의 권징(치리)

참 교회의 3대 표지는 말씀의 선포, 성례의 집행, 그리고 징벌(치리) 하는 것이라고 말할 수 있다. 그러나 교회의 상황을 둘러볼 때 참으로 안타까운 것은 모두 이 표준에 미달하고 있다는 것이다. 어떤 교회는 참 교회라고 할 수 없고 또 어떤 교회는 참 교회인지 아닌지 아리송한데 큰 문제가 아닐 수 없다.

다시 말해 많은 교회가 징계를 실시하지 않고 있는데 왜냐하면 교회가 징계를 하면 신자수가 줄어들고 교회의 영광을 가릴까봐 실시하지 않고 있는데 사실은 징계를 하지 않는 교회가 주의 영광을 가리는 것이다. 좀 이상한 말이지만 오늘날 세상이 교회를 대수롭지 않게 여기고 있다. 왜냐하면 교회가 이와같이 세속화되어가고 있기 때문이며 대부분의 신자들이 신자가 되는 것을 영광스럽게 생각하지 못하기 때문인데, 왜냐하면 신자가 되는 것과 안되는 것에 별 차이가 없고 세상 사람과 별 차이가 없는 신앙 생활을 하고 있기 때문이다. 다른 한면으로 징계를 바르게 실시하는 교회가 있는데 그 교회는 하나님의 영광을 증가시키는 교회이다. 다시 말하면 교회에 올바른 권징이 있는 것이 교회의 유익이 된다는 말이다.

다음에서 교회의 권징에 대해 살펴 보고 그 유익을 생각해 보자.

1. 권징에 대한 성경의 근거와 보증

교회가 종종 가식적인 경건으로 권징을 소홀히 할 때가 있는데 예를 들어 어느 사람이 "하나님께서 그의 교회를 돌보시므로 사람의 도움이 필요 없이 교회를 잘 돌보신다"고 말한다. 또 어떤 사람은 "교회에서 죄지은 사람을 권징하는 것은 그들에게 도움이 안되고 도리어 그들을 망하게 한다. 왜냐하면 어떤 경우에는 출교를 시키기 때문"이라고 말한다.

그러나 하나님의 말씀은 분명히 교회에서 권징을 실시할 것을 요구하고 있는데, 인간적인 생각으로 권징을 소홀히 한다면 그것은 자기를 하나님보다 더 지혜롭다고 여기는 죄인 것이다.

아래의 몇몇 성경 본문이 권징을 가르치고 있는 것들이다.

예수님이 말씀하시기를 "네 형제가 죄를 범하거든 가서 너와 그 사람과만 상대하여 권고하라 만일 들으면 네가 네 형제를 얻은 것이요 만일 듣지 않거든 한 두 사람을 데리고 가서 두 세사람의 입으로 말마다 증참케 하라 만일 그들의 말도 듣지 않거든 교회에 말하고 교회의 말도 듣지 않거든 이방인과 세리와 같이 여기라"(마태 18:15-17)고 하셨다. 이 말씀의 뜻은 회개하지 않는 지체는 그리스도의 지체로 더 이상 여길 수 없다는 것이다. 사도 바울이 고린도 교회에 부탁하기를 '이 악한 사람들은 너희 중에서 내어 좇으라'(고전 5:13)고 했고 디도서 3장 10절에서 '이단에 속한자들은 한두 번 훈계한 후에 멀리하라' 고 했다.

마태복음 13장에 나오는 예수님의 천국 비유 가운데서 알곡과 가라지 비유에서 '한 사람이 나가서 씨를 뿌렸는데 원수가 와서 곡식 가운데 가라지를 뿌리고 갔더니 싹이 나고 결실할 때 가라지도 보이거늘 집주인의 종들이 와서 말하되 주여 밭에 좋은 씨를 심지 아니하였나이까? 그러면 가라지가 어디서 생겼나이까? 주인이 가로되 원수가 이렇게 하였구나 종들이 말하되 그러면 우리가 가서 이것을 뽑기를 원하시나이까? 주인이 가로되 가만 두어라 가라지를 뽑다가 곡식까지 뽑을까 염려하노라 둘다 추수 때까지 함께 자라게 두어라 추수때에 내가 추숫군들에게 말하기를 가라지는 먼저 거두어 불사르게 단으로 묶고 곡식은 모아 내 곡간에 넣으리라'(마태 13:24-30)고 하셨다. 어떤 사람은 이 비유를 추론하여 교회의 징계는 마지막 심판때 하는 것이지 지금 하는 것은 예수님의 교훈에 상반된다고 한다. 그러면 이 문제에 대해서 우리는 어떻게 말해야 하는가?

한면으로 우리는 반드시 말해야 할 것이 있는데 하나님의 말씀은 상충되지 않는다는 것이다. 왜냐하면 성경의 비유와 기타 다른 성경의 말씀과 서로 모순 될 수 없다는 사실을 먼저 기억해야 한다. 또 다른 한면으로 예수님이 이 비유를 해석하시면서 이 비유에서 밭은 세상을 의미한다고 했는데 (마태 13장18절) 이 말씀이 바로 결론을 내려 주는 말이다.

다시 말해 이 비유는 교회의 징벌과는 관련 없는 말인 것이다. 단지 그 비유가 가르쳐 주는 것은 의인과 악인이 세상에 같이 존재한다는 말로서 세상 끝에 전체적인 심판이 있다는 말이다. 물론 이 비유에서 밭은 세상이고 좋은 씨를 뿌리는 것은 교회가 하고, 사탄은 가라지를 그 밭에 뿌리는데 전도 받은 악인들이 교회로 들여 오는데 그 중에는 가라지가 있는 것이다.

그래서 많은 주석가들이 모두 이 비유에서 지상의 유형교회의 불완전한 면을 보여주는 것에 동의하고 있는 것이다.

2. 권징의 영적 성격

교회의 권세와 세상 정부의 권세는 성질상 많이 다르다. 성경에서 검과 열쇠란 말을 권세의 상징으로 사용하고 있는데 '검'은 정부의 권위를 대표하여 관원들이 백성을 다스릴 때 '그가 공연히 칼을 가지지 아니하였으니 곧 하나님의 사자가 되어 악을 행하는 자에게 진노하심을 위하여 보응하는 자니라'(롬13:4)고 했다. 그리고 '열쇠'는 교회의 권세를 대표하는데 예수님께서 12사도를 대표한 베드로에게 말씀하시기를 "내가 천국 열쇠를 네게 주리니 네가 땅에서 무엇이든지 매면 하늘에서도 매일 것이요, 네가 땅에서 무엇이든지 풀면 하늘에서도 풀리리라"(마16:19)고 했다. 여기서 분명히 볼 수 있는 것은 이 열쇠의 사용과 칼의 사용은 완전히 다르다는 것이다. 검은 무력을 의미하나 열쇠는 그렇지 않은 것이다. 즉 정부의 권세와 교회의 권세는 마땅히 구분되어야 하는데 왜냐하면 교회의 권위는 영적 권위이기 때문이다.

이런 이유로 교회는 반드시 겸손한 태도로 권징을 실시해야 한다. 교회의 지체는 절대로 내가 당신보다 더 거룩하다는 태도를 가져서는 안된다. 모든 신자는 권징의 대상자보다 더 낫다는 생각을 해서는 안된다. 만약 하나님의 은혜와 지켜 주심이 없었다면 우리 모두가 그 범죄자와 같이 되었을 것이다.

사도 바울은 말하기를 '형제들아 사람이 만일 무슨 범죄한 일이 드러나거든 신령한 너희는 온유한 심령으로 그러한 자를 바로 잡고 네 자신을 돌아 보아 너도 시험을 받을까 두려워하라'(갈 6:1)고 했다.

교회가 권징하는 것과 정부가 처벌하는 것은 다르다. 정부는 종종 무력을 사용해서 범인을 처리하지만, 교회는 절대 무력을 사용하지 않고 반드시 영적인 방법으로 권면하고 교훈하는 것이다. 정부는 범죄자를 형벌에 처하지만 엄격히 말해 교회는 범죄한 성도를 형벌하지 않고 그를 그저 범죄한 성도로 보고 제일 좋은 방법은 말씀으로 그를 책망하는 것이므로 영적인 것이다. 교회가 벌금형이나 감금시키는 방법을 사용할 수 없고 모종의 거래를 하는 식으로 그를 처리하는 것을 반대하며 교회가 할 수 있는 것은 교훈하고 책망하고 심하면 수찬정지를 시키며 더 심한 경우에는 출교를 시킬 수 있다. 그러나 출교시키는 것 역시 영적인 것이다.

한 성도가 교회의 권징을 받을 때 기도를 그만두어서는 안된다. 교회의 쟐로와 집사들이 기도해 줄 뿐 아니라 전체 성도가 그를 위해 기도해 주어야 한다. 출교는 반드시 부끄럽고 괴로운 일로 받아들여져야 하며, 교회는 부득이하여 범죄한 자를 이방인과 세리와 같이 여기는 것이다. 비록 그렇다해도 그를 멸시해서는 안되며, 그를 위해 은혜의 보좌 앞에 나아가 기도하여 그로 하여금 회개하고 그 언젠가는 새로이 기쁘게 영혼의 아버지 집에 돌아와 하나님과 화목할 것을 희망해야 한다. 결론적으로 그리스도의 사랑으로 교회의 권징을 실시해야 된다는 말이다.

교회가 늘 기억해야 될 것은 교회가 징계하는 목적은 범죄자를 구해내기 위함이지 그를 망하게 하기 위함이 아닌 것이다. 실제로 어느 교회든지 골차 썩이는 신자가 한둘은 있다. 그래서 교회는 할 수 없이 권징으로 그런 자를 저지하는 것이다. 그러나 잊지 말아야 할 것은 교회의 범죄한 자를 바로 세워주는 것이지 그를 제거해 버리는 것이 아니다.

마태복음 18장에서 분명히 예수님이 가르쳐 주시는 것은 예수님이 만약 누가 범죄하거든 그를 교회에 알려 다루도록 하라고 하지 않으셨다는 것이다. 예수님이 말씀하시기를 "네 형제가 범죄하거든 가서 너와 그 사람과만 상대하여 권고하라 만일 들으면 네가 네 형제를 얻을 것이요" 라고 하셨다. "만일 듣지 않거든 한 두 사람을 데리고 가서 두 세 증인의 입으로 말마다 증참케하라"고 하셨다. 그래서 막다른 곳에 와서는 두 세 사람의 증인이 있는 가운데 말마다 확인하라고 하셨다. 만약 범죄한 성도를 공적으로 교회 앞에 세울 때 교회의 책임은 가능한한 그 범죄자로 하여금 돌이키도록 힘써야 한다. 그래도 교회의 말을 안 듣거든 이방인과 세리와 같이 여기라고 하셨다.

교회의 권징의 목적은 비록 범죄자를 구해내기 위함이지만 그보다 더 높은 목적이 있다.

그것은 신자의 개인의 영적 행복을 위한 것으로 전체 교회의 성결과 교회를 세워 가는 과정에 있는 것이다. 누가 한 성도의 행복이 바로 교회의 행복을 가져오는 것을 부인할 수 있겠는가?

한쪽 눈이 아프다가 치료를 받고 나면 온 몸 전체가 기분이 좋지 않겠는가? 교회 전체의 행복이 한 개인의 행복보다 더 중요하지 않은가? 한 교회의 타락의 주요 원인은 바로 교회에 권징을 실시 하지 않는데 있다.

교회의 징계의 목적은 교회의 머리되신 그리스도를 영화롭게 하기 위함이다. 교회의 한 지체의 행복은 바로 교회를 행복하게 하는 것이고, 전 교회의 행복이 바로 머리되신 그리스도를 영화롭게 하는 것이다. 그러므로 권징을 실시하지 않는 교회는 자기의 영광을 훼손할 뿐 아니라 그리스도의 영광을 엄중히 무시하는 잘못을 범하는 것이다. 권징을 신실하게 행하는 것이 교회의 표지 가운데 하나인데 그리스도의 존귀함과 영광스러움에 관심이 없는 교회는 그야말로 그의 교회가 아닌 것이다. 다른 한면 그리스도를 뜨겁게 사랑하고 그의 영광을 위하여 열심을 내는 교회는 분명히 권징을 충실하고 신실하게 행할 것이다.

14

가정교회의 핍박과 대응

교회는 순교자의 피를 거름으로 하고 발전해 간다.

1919년 5·4운동을 분기점으로 당시 188명의 선교사가 순교를 당하고, 2만여명의 중국 신자가 순교를 당했다. 1949년 10월 1일 공산 혁명이후 핍박의 역사는 계속되어 왔고, 특히 1966년에서 1976년 사이의 문화혁명 기간동안의 핍박과 고난은 전무후무한 것이었다.

가정 교회가 박해를 받게 되는 것은 정치적이며 도덕적인 문제 때문이 아니라 단지 개인이 가정에서 집회와 설교, 복음 전도 등의 종교 활동에 종사하기 때문이며 등록하지 않고 삼자교회에 가입하지 않기 때문에 박해를 받는 것이다(딤후 2:9-15).

그러나 가정 교회는 비록 박해를 받지만 정부를 미워하지 않고, 오직 주께서 허락하신 고난을 묵묵히 참아내며 순종하면서 정부를 위해 기도하고 축복할 따름이다(벧전 2: 13-21).

가정 교회의 지도자와 ○○○○○ 비록 핍박을 받고 벌금을 내고 심문과 노동 교육, 노동 개조를 받지만 원망의 말 없이 국가와 정부를 사랑하면서 하나님께서 은혜를 내려 주시기를 기다린다. 또 한 지도자가 성도가 실형을 받게 되면 남은 성도들이 그가 출소할 때 까지 남은 가족들을 돌보아 준다. 가정 교회를 핍박하는 정부의 기층 간부들도 피해자들이 무고하다는 것을 증명하고 있으나, 사실 그들도 어쩔수 없이 공무를 집행하고 있을 뿐이다(행 28:17-22 요 18: 35-40). 심문소와 노동 교육과 노동 개조의 장소에서도 심문 받고 교육과 개조를 받는 신도와 교역자들에 대해 높이 평가하고 있으며, 그들을 신임하고 동정을 하기도 한다. 또 피해자들이 국가를 사랑하고 인민을 사랑하는 마음을 갖고 있으며 우수하고 뛰어난 도덕과 인격을 지니고 있다는 것을 증언하고 있다(행 24:7-8).

가정 교회는 비록 핍박을 받지만 주를 믿는 무리의 숫자가 매우 빠르게 증가하고 있으며 이런 추세는 막을 수가 없다. 전국의 가정 교회에서 믿고 구원 받는 사람의 수가 국가에서 인정하는 삼자 교회의 숫자와 비교할 수 없을 만큼 많다. 이것 또한 하나님이 가정 교회를 인정하시는 증거라 할 수 있다(행 2-3장).

필자는 하얼빈 북부 어느 지역에서 지도자 양육을 하던 중 갑자기 공안이 들어와 잡히게 되었던 경험이 있다. 나중에 알게 된 일이지만 외부 사람이 아파트이 들락날락하면 신고하게 되어있어서 낯선 사람으로 신고 되어 공안이 들이닥친 것이었다.

먼저 신분증을 빼앗고 간단한 조사를 한 뒤 파출소로 가서 사진을 열장이나 찍어서 조서를 꾸미고 있었다. 나는 '아! 이제 중국 사역은 끝이 났구나' 라고 생각하였다.

장 시간에 걸쳐 몇 명의 경찰이 돌아가며 조사를 하던중 그 지역 가정교회 대표자도 잡혀와 함께 조사를 받게 되었다. 나는 한편으로 기도하며 한편으로 조사에 임하였는데 나중에 안 사실이지만 그 지도자는 이미 60년대 문화혁명시 옥고를 치르고 나온 자였다.

어쨌던 조사가 진행되자 가정교회 성도들은 물밑 작업을 하여 그 지역의 유력한 가정교회 한 인사를 통해 공안의 고위직과 관계(○○○ 씨)를 이용하여 그 날의 모든 사건을 없던 일로 잘 무마시켜 줌으로 나와 그 지도자는 무사히 풀려 나게 되었던 것이다.

15

이단들

먼저 이단이 성행하게 된 원인이 무엇인지 생각해 보자.
 그것은 종교 활동을 공개적으로 할 수 없는 제한적인 환경에서 교회는 단지 은폐 혹은 비공개적인 활동만을 채택해 오는 가운데 이단 활동의 온상을 제공하였다.
 또 일부 공개된 교회의 성도들의 몇가지 불미스러운 일들을 저지르자 자신들이야 말로 거룩하고 구별된 자임을 자청하고 기존의 교회를 비판하면서 이단의 사설로 미혹하기 시작했다. 이단의 거짓선지자들은 대부분이 교회안의 성도들 사이에서 그 활동을 벌인다. 특히 성도들 사이에서 교육수준이 낮거나, 불만을 가진 자나 혹은 특별히 극성스럽게 열심쟁이를 대상으로 삼아 그들의 교리를 가르치기 시작한다. 특히 종말의식을 강조하여 어수선한 사회 분위기와 현실에 적응하기 어려운 사람들을 규합하여 비밀 집회를 갖는다. 그래서 먼저 사람들이 쉽게 받아들일 수 있는 내용을 제시하고 인식 시켜 지지를 얻은 후 추종자로 만든다.

1. 후한파

대표자는 리창쇼우로서 1950년대부터 시작되었다.

그는 예수님은 피조물이며 따라서 재림하지 않는다고 가르친다. 예수님의 육체 가운데도 사탄의 마음이 있었다고 한다. 하나님은 세분이 변해 한분이 되셨지만 삼위일체는 아니다고 한다. 천국은 존재하지 않으며 교회가 바로 천국이다. 오직 리챵쇼우만이 세상을 구원할 구세주이므로 그에게만 경배와 찬양을 돌려야 한다. 성경은 이미 시대에 뒤떨어진 책이라고 가르친다.

전국 각지에 분포되어 있는데 주로 푸지엔, 난징, 산둥, 허난, 허베이, 베이징, 라오닌, 지린, 헤이롱지앙 등지에 있다.

분석과 대책

이들의 문제는 기독론과 삼위일체론 그리고 성경론에서 발견된다.

기독론 즉 예수님이 누구신가?

그는 참 하나님이시며 참 사람이시다.

그는 우리와 성정이 같으시지만 죄는 없으시다.

히브리서 4장 15절에 '우리에게 있는 대제사장은 우리 연약함을 체휼하지 아니하는 자가 아니요 모든 일에 우리와 한결 같이 시험을 받은 자로되 죄는 없으시니라' 고 했다.

또 히브리서 2장 18절에 '자기가 시험을 받아 고난을 당하셨은즉 시험 받는 자들을 능히 도우시는 구주이심을 가르쳐야 할 것' 이다.

2. 충성파(혹은 쿠충성파, 아오후이파라 불리움)

대표자는 쉬용즈어로 1970년대부터 활동했다.

이들은 집회시에 이상을 볼 때까지 격렬하게 울어야 한다. 그러면 흰옷 입은 사람이 신자들의 죄가 사하여졌다고 써준다. 또 "소자야 네 죄가 사하여졌다"는 소리를 들은 신자만이 진정한 죄사함과 거듭남을 얻을 수 있다. 그러므로 신자들은 3일 밤낮 울면서 죄를 깊이 인식해야 구원을 얻을 수 있다. 오직 생명회에서 구원과 거듭남을 얻을 수 있다고 가르친다.

그래서 어떤 신자는 격렬하게 울어 눈이 붓고 목이 쉬며 심지어 자기 몸을 학대하기도 한다. 금식하고 무릎에서 피가 날 때까지 꿇어 앉아 있기도 한다. 대부분의 신자들이 집회 및 전도 활동을 위해 가출을 하기도 한다.

주로 허난, 하이난, 광동 등지에 분포되어 있다.

분석과 대책

이들에게 구원의 방법을 성경적으로 잘 가르쳐야 할 것이다.

'울어도 못하네 힘써도 못하네, 맘과 뜻과 행실이 착하되 다시 나게 못하네 십자가에 달려서 예수 고난 보셨네 나를 구원 하실 이 예수 밖에 없네'를 가르쳐야 할 것이다.

우는 것 자체가 하나의 행위가 되어 구원 받는다면 그것은 〈행위로 구원 얻는 종교〉로 전락되고 만다.

3. 링링교

교주는 화아쉬에샹인데 원래 쟝수성의 초등학교 교사였다.

1989년부터 활동하기 시작했는데 화씨라는 사람이 자기가 바로 구세주이며 예수는 두 번째라고 주장한다. 그러므로 화씨의 이름을 받들어 기도하고 성령충만을 구하며 영가를 부르고 영무를 추며 방언을 말하지 말고 영적 세례를 받아야 한다고 가르친다. 1월 17일을 성탄절로 바꾸어 지내며 물세례와 성찬식을 폐지해 버렸다. 오로지 계시록과 종말론 대 환난에 관해서만 설교한다. 그리고 생산활동과 직장 생활을 하지 않는다.

영적 세례식 때 영가를 부르며 영무를 출 때 사악한 영의 침입을 자주 당하고 있다. 많은 신자들이 귀신을 보며 괴이한 소리를 듣고 귀신이 들린다. 신자들은 재산을 남김없이 헌납한다.

주로 쟝수성과 허난성에 분포해 있다.

분석과 대책

말세와 종말을 강조하는 전형적 이단이다. 그래서 현세의 직장 생활을 그만 두게 한다. 이미 바울 사도 시대에 1세기 말에 종말론이 강하게 일어났다. 그래서 신자들 중에서 재산을 정리하고 일하지 않고, 규모 없이 사는 자들이 있었다.

그래서 바울은 데살로니가후서 3장 1-16절에 데살로니가 교회 성도들에게 권면하였다. 먼저 기도 생활을 권면하고 다음으로 건전한 일상 생활을 유지할 것을 권면했다. 심지어 일하기 싫거든 먹지도 말라고 가지 했다. 마지막으로 이런 사상, 이런 이단에 미혹된자와는 사귀지 말라고 권면했다.

우리가 주님 오시는 그 날까지 한 그루의 나무를 심어야 하는 이유가 무엇인가? 그 날과 그 시를 모르기 때문이다. 또 이것을 미리 가르쳐 주면 그와 같은 혼란이 일어날 것을 아시고 그것만은 가르쳐 주지 않으신 것이다. 얼마나 감사한 일인가?

4. 산반푸런반(따시아오푸런반)

1980년대 시작되어 전국 각지에 영향을 주고 있다.
산반푸런파가 모든 진리를 갖추고 있다고 가르친다. 지도자는

'따푸런' 즉 큰 종이고 그만이 유일한 선지자이다. 자신을 모세나 다윗으로 비유하여 믿음으로 의롭게 된다는 진리를 믿지 않는다. 만약 산반푸런파에 가입하지 않으면 구원을 얻을 수 없으며 신자들의 헌금이 곧 구원 받은 증거라고 가르치고 큰 종을 섬겨야지 하나님을 섬겨서는 안된다고까지 말한다. 성찬식과 경배와 찬양을 반대한다. 이미 세차례에 걸쳐 예수재림을 예언한 바 있다. '좁은문' 은 '가정 교회' 이고 '넓은 문' 은 '삼자교회' 라고 가르치며 혼인을 금지하고 부부는 별거해야 된다고 가르친다.

신자들에게 모든 재산을 헌납케하고 주님의 재림을 기다리게 한다. 심지어 금식하면서 주님의 재림을 기다리게 한다. 그래서 가정과 직장과 부부관계를 다 파괴하는 이단이다.

분석과 대책

종말론 강조하는 이단이다. 링링교와 비슷한 요소가 있다.

그러나 주님이 오시는 그날까지 정상적인 생활을 영위해야 할 것이다. 특별한 집단, 특별한 장소, 특별한 옷을 입고 주님을 맞이하는 것이 아니다.

베드로전서 3장 7절에 '남편된 자들아 이와같이 지식을 따라 아내와 동거' 하라고 했다.

히브리서 13장 4절에 '모든 사람은 혼인을 귀히 여기고 침소를 더럽히지 않게 하라' 고 했다.

바울은 고전 7장 5절에서 '서로 분방하지 말라' 고 했고 다만

'기도할 틈을 얻기 위하여 합의상 얼마동안은 하되 다시 합하라'
고 했다.

5. 먼투회(멍푸우파, 얼량량)

산수, 쉬수 두 부부가 1982년부터 시작했다. 대회, 분회, 소회 등을 만들어 조직하고 있다.

'산수'는 '예수님' '쉬수'는 '성령님'이라고 자칭한다. 이들은 주 안에서 부부이다.

이들은 삼위일체 하나님과 동등하며 성경에 나오는 두 그루의 감람나무이다. 그들은 기적을 행하고 병을 고치며 구약의 사렙다 과부가 가진 약간의 밀가루와 소량의 기름을 강조한다. 오병이어가 생명의 양식이라고 하면서 그것이 복 받는 기준이라고 한다. 그러므로 신자는 매끼 소량의 밥을 먹어야 한다. 발효 음식을 먹을 것을 강조하고 만약 쌀밥을 먹기 원한다면 더 많은 복을 받도록 구해야 한다. 재림의 날을 함부로 추측하고 물세례는 반대하고 불세례를 받아야 한다고 주장한다. 신자들의 범죄 행위는 기록으로 남겨서 산수에게 건네 주고 이것을 언약궤에 보관해야 그 이름이 생명책에 기록된다고 한다. 성경을 읽지 못하게 하고 산수가 쓴 원고 복사물을 읽도록 한다. 신자는 이 집단에 들어온 후 일개월 내에 최소한 10명을 인도해야 한다. 또 산수가 준비한 훈련을 받게 한다. 또 공안국을 성경에 나오는 황충이라고 비유하며 정권과 사회에 대해 투쟁할 것을 주장한다. 병이 들어도 약을 먹지 못하게 한다.

나중에 대표자 산수가 체포되자 그는 자기를 믿는 사람의 수가 다 차야 석방이 될 수 있다면서 그 때를 기다린다고 하여 발전해 가고 있다.

분석과 대책

종말론을 이용한 사교이다. 동시에 현실 불만을 이용한 이단으로, 죄의 고백을 빙자하여 언약궤에 보관함으로 그 약점을 이용하여 그곳을 떠나지 못하게 하는 것이다.

하나님과 우리 사이에 오직 한 분의 중보자가 계신다. 그가 바로 예수님이시다(딤전 2:5).

혹시 이런 이단에 빠진 자가 있다면 성경 공부를 통해서 이런 진리를 깨닫도록 도와 주어야 할 것이다. 그러나 일단 그 집단에 소속되면 빠져 나오기가 쉽지 않으므로, 평소에 말씀으로 무장시키되 이런 이단 사설을 소개하고 비판할 수 있는 능력을 배양시켜 주어야 할 것이다.

6. 스투신신회 혹은 완전한 복음

대표는 쟝루이이의 신약교회의 제자인 쭈오쿤으로 스스로 사도라 칭하여 대만에서 대륙으로 와서 1995년부터 피, 물, 성령 전도단을 조직하여 활동하였다. 성찬식이 거행되기 전에 여러 사람 앞에서 죄를 고백해야 죄사함을 받을 수 있다고 하며 신자가 죽은 후에 눈이 또렷하고 웃는 얼굴을 하고 있으면 그것이 구원 받은 증거라고 한다. 그 교파의 사도가 전하는 복음을 듣고 주를 믿어야 구원을 얻는다고 한다. 오직 피, 물, 성령만이 바로 완전한 복음이다. 사도들은 반드시 권력과 사람, 당 등의 기본적인 것을 소유해야 한다. 기도할 때는 "사도○○의 이름으로 기도합니다"라고 해야만 하나님이 들으신다고 가르친다. 그는 신자들에게 ○○○○ 충성을 요구하며 신문사나 식당, 도자기 기업 등 자신의 개인 사업을 위해 신도들을 억압해 왔다.

분석과 대책

이 이단은 종교와 경제의 두 개의 머리를 가진 한 몸의 괴물과 같다. 그래서 한 쪽이 상처를 받아도 다른 한쪽 머리로 그 조직을 움직여 간다.

또 그 조직의 명칭이 물, 피, 성령 전도단인데 이것은 요한 1서 5장 6절에서 나온 사상이다.

'이는 물과 피로 임하신 자니 곧 예수 그리스도시라 물로만 아니요 물과 피로 임하셨고 증거하시는 이는 성령이시니 성령은 진리니라 증거하는 이가 셋이니 성령은 진리니라'

이단의 특징 중 하나가 성경의 어느 한 부분을 확대하여 그것만을 지나치게 강조하는 것이다. 다른 것은 말하지 않고 한 가지만 주장하는것은 역시 〈이단성〉이 다분한 것이다.

7. 동방의 번개

1994년부터 시작되어 전국 각지 특히 허난, 허베이, 안후이, 산둥, 광둥, 푸지엔 등지에 퍼져 있다. 이들은 삼위일체 하나님을 믿지 않는다.

아버지가 변하여 아들이 되고 아들이 변한여 성령이 되었으며 이 셋이 변하여 하나의 신이 되었다고 가르친다. 예수님이 처음에는 남성의 몸으로 성육신하였다가 두 번째는 중국에서 여성의 몸으로 성육신하여, 지금은 천년왕국시대로 오직 계명을 잘지키고 영성으로 몸으로 성육신하신 예수님을 잘 믿어야 구원 얻는다고 한다.

왜냐하면 하나님은 공평하시므로 창조시 남녀를 지으시듯, 처음의 구세주는 남자로 다음의 구세주는 여자로 보낸다고 가르친다.

그리고 음란을 무기로 미인계를 써서 지도자를 유인하고 비디오로 담아 협박하고 그 집단 전체를 이단으로 들어오게 하며 필요시 무력을 쓰기도 한다. 누가 묻기를 "왜 죄악된 음란의 방법으로 포교를 하느냐"고 하자 하나님은 절대주권자심으므로 무엇이든 말세에 사용하여 택한 자를 모은다고 가르친다.

분석과 대책

초대교회부터 생긴 이단들이 대부분 삼위일체 교리와 관련된 이단이었다.

그래서 요한 사도의 서신에 예수님이 육체로 오신 것을 부인하기도(요일 4장 2절)하고 예수님이 그리스도임을 부인하는 이단도 있었다. 더 나아가 아버지와 아들을 부인하는 이단이 있었다(요일 2장 22절). 이 이단은 바로 요한 사도가 말한 본문에 좋은 예가 되는 이단이다.

더 나아가 '다른 이로서는 구원을 얻을 수 없나니 예수님 이외에 천하 인간에 구원 얻을 만한 다른 이름을 주신 일이 없다'(행 4장 12).

8. 뻬이리왕

대표자는 안후이성의 농민 우양밍으로 1988년에 전도를 시작하였다.

그는 자칭 세움을 입은 왕이라고 한다.

조직은 훈련반, 교제회, 또는 설낭낭(어마 마마), 대신, 황고(시어머니) 등의 직분을 만들어 사용한다. 그래서 자신은 참 하나님이시며 예수는 이미 지나간 구시대의 인물이며, 세계의 종말은 서기 2000년대에 오는데 그 때까지 새 하늘과 새 땅의 하나님 나라를 건설해야 된다고 가르친다. 그는 자신을 믿으면 영생을 얻고 믿지 않으면 멸망한다고 하고, 신자는 수입의 십일조를 바쳐 재산을 하늘에 닿도록 하고 자신이 하나님으로 육신을 가지고 있음으로 여신도는 자신과 결합해야 구원 얻는다고 가르친다. 이 왕에게는 황후가 60명이요 비빈이 80명이 있어야 하므로, 이 조직에 가입한 부부는 성생활을 해서는 안되고 미혼인 사람은 결혼할 수 없다.

결국 그는 30여만원의 인민폐를 사기치고 100여명이 넘는 여성을 강간하고 263명의 취학 아동을 학업을 포기하게 했다. 그 미혹된 자들은 전 재산을 탕진하고 그를 따라 산과 들로 떠돌며 승천을 기다리므로 적지 않은 가정이 파괴되었다. 상하이 시에서만 10개소에 300여명이 그 활동에 참가했는데 그 중 60여명은 영적인 이름이라 하여 새 이름을 받기도 했다.

분석과 대책

망상적 천년왕국(새 하늘과 새땅) 교주이다.
많은 이단이 공개 혹은 내밀 교리로 음란을 행하고 있는데 이 이단도 그 중에 하나이다.
또 그는 이전에 화동신학교 훈련반 졸업생인 한 사람을 상하이의 우두머리로 임명하여 움직이고 있다.
이단은 일반 교회에서 잘 설교 하지 않은 계시록을 잘 이용하여 자기 마음데로 적용해석한다. 그리고 〈새 이름〉도 준다.

그러므로 개 교회에서 평소에 다니엘서, 계시록 등 종말론에 관한 설교를 해 주어야 한다.

물론 많은 상징과 비유가 나오지만 원리적인 설명은 해 주어야 미혹을 받을 때 이겨낼 수가 있을 것이다.

9. 판우공용파('모든 물건 서로 나눠 쓰기 파' 라는 뜻임)

양자예 그는 원래 강제 노동에 의한 사상범으로 1992년에 광시와 산동 등지에서 포교를 했다. 양씨는 자신이 바로 전능하신 하나님의 화신이며 세상사람을 구원하려 왔다고 한다. 또 스스로가 구세주이며 인간들의 죄가 크기에 하나님께서 홍수, 독사, 맹수를 이용해서 인간을 징계한다고 가르친다. 그러므로 어느 지정된 장소에 가서 재난을 피해 방주에 들어가야 한다고 가르친다. 신자는 제비를 뽑아 결혼하는 방식을 통해서만 방주에 들어갈 수 있도록 한다.

1994년 8월 28일이 세상 종말인데 그 때 화성이 지구와 충돌할 것이며 구세주는 승천할 것이라고 예언했다. 그러므로 재산을 팔아 양씨에게 바치고 방주에 들어가기를 기다리라고 했다. 그는 신자를 어린이, 청년, 노인으로 나누고 다시 한 무리씩 나눠 광조우시 교외 그리고 팡어우 교외에 있는 산꼭대기에 장막을 쳤다. 1995년 4월에서 7월에 걸쳐 광시 지구에서 237가구와 750명이 그를 따라갔고, 이로 인해 미취학 아동 263명의 어린이가 배움의 기회를 잃었다. 또 청년들은 일해서 번 돈을 양씨에게 다 바쳤다. 이렇게 하여 양씨는 인민폐 30여만원을 갈취했다. 또 제비 뽑아 배우자를 정하는 결혼을 통해 근친상간을 하게 하기도 했다. 그는 1994년 8월 2일 사형언도를 받았다.

분석과 대책

거짓 메시야주의의 교주이다.

종말론을 강조하여 재산을 갈취하고 가정을 파괴하고 자신은 성적 유희를 즐긴 이단의 교주이다. 우리는 이런 보고를 들을 때 '어찌 이런 이단을 따라 갈까'라고 의아해 하지만 악령의 역사가 얼마나 사람을 미혹할 때 혼미하게 하는지 미혹되면 돌아오기가 정말 어렵다. 또 이것은 한 신자의 불행만이 아니라 그 가족, 자녀까지 천추의 한이 될 일을 저지르게 된다.

한국 사회에도 육교 위에서 구걸하여 돈 벌어 교주에게 바치고, 정조를 바치고 재산을 바친 어리석은 신도들이 적지 않았던 것이다. 말세에는 마귀가 광명의 천사로 가장하여 할 수만 있으면 택하신 자라도 미혹하려고 호시 탐탐 기회를 노린다는 점을 기억하여 서로 그 날이 가까옴을 볼수록 서로 확인하고, 서로 격려하고, 서로 세워주며 모이기를 힘써야 할 것이다. 그러나 대부분 이단의 첫 발을 들여 놓을 때 가만히, 몰래 참석하여 미혹된 후 돌아 올 수 없는 다리를 건너가고 만다.

10. 링수이교

대표 우환신은 원래 안식일 모임의 책임자였는데 링수이교를 세웠다(1988-1991).

주요 교리는 병이 나도 약을 먹지 말고 기도하고 냉수를 마셔 치료하게 하였다. 또 농약 사용을 금한다. 성경을 읽다가 물수(水)자가 나오면 멈추고 성령의 특별 계시를 받도록 한다.

그 영향으로 광동성에 31개 교회당과 10여개의 집회소를 세우고 1000명 이상의 신자들이 있었다. 그는 1991년에 체포되고 집회 장소도 폐쇄되었다.

분석과 대책

안식교에서 나온 이단이다.

안식교는 원래 교주 엘렌 G. 화이트의 저서로 인해 건강을 강조한다.

그래서 그도 냉수를 이용한 치료법을 사용한 것이다.

현대인의 주된 관심은 건강이고, 특히 병든 자는 병이 낫는다면 어디든지 찾아간다.

특히 안식교와 같이 겉으로 볼 때 비교적 건전한 사회 생활을 하고 가정과 건강을 위해 해답을 제시하는 이단은 이단인 줄 모르고 빨려 들어갈 위험이 더 크다.

다시 말해 윤리적으로 문제가 있는 이단 같으면 경계를 하고 주의를 하지만, 교리적으로만 조금씩 다른 듯한 이단은 기존의 신자가 쉽게 미혹을 당한다.

교리는 집의 뼈대와 같아서 보이지 않지만 그 집을 지탱하는 중요한 것이다.

교리 교육이 딱딱하고 지루할 지라도 교회는 교리 훈련을 시켜야 한다.

이런 교리 교육이 없는 상태에서 숫적 증가만 된 교회는 이단이 침투하면 하루 아침에 공중누각이 될 가능성이 크다.

과거 가정교회 지도자와 현재 지도자의 고충

무명의 전도자(중화선교회에서 2002년 4월에 개최한 세미나에서)

1920년대에 중국교회에 일어난 큰 일들

1. 1920년대에 화합본 성경이 번역되어 출판되었다. 이전에 모리슨이 번역한 성경과 기타 다른 역본들이 있었다. 그러나 1891년에 선교사들은 통일된 번역본이 필요하다는 인식을 하게 되었고, 약 28년간에 걸쳐 번역을 완성하여 1919년에 출판되어서 지금까지 사용하고 있다. 하나님은 중국인을 위해 성경을 예비하였고 또한 일부 서양 선교사들도 새로운 의식을 가지게 되었다.

의화단 교난 때 일부 선교사들이 순교함으로 그 환란을 통하여 가짜 신도와 전도인들이 걸러지게 되었다. 그 이후에도 가짜 신도들이 있었지만 많이 줄어들게 되었다. 중국인들은 서양선교사들이 침략자로 왔다고 생각하였으나, 배상금을 받지 않은 사건을 통해서 침략자가 아니라는 것을 알게 되었고, 그 영향은 계속해서 그 당시뿐만 아니라 지금까지 미치고 있다.

판쉬에더(중국에서 미국으로 간 전도인) 는 공산당학교 강사이며 공산당원이다. 그는 미국에 갔을 때 복음을 전해 받았는데 처음에 큰 반감이 있었으나, 많은 의문점과 문제들이 차츰 해결되었다. 그는 서양선교사들의 중국에 온 목적이 침략을 위해서라고 생각하였다. 그러나 나중에 위의 사실을 알고 변화되어 기독교인이 되었고 헌신하게 되었다. 그가 '내가 왜 기독교인이 되지 않으려고 했는가?' 라는 책을 썼다. 그 책에서 그는 어떻게 조금씩 변화되었는지를 밝혔다. 특별히 이 책에서 그는 순교자 가족이 배상 받기를 원치 않았다는 데에서 큰 감동을 받았다고 하였다.

2. 1920년대에 서양선교사들은 중국자립교회를 세워야 한다고 생각하였다. 한 자료에 의하면 1920년도에 80여개의 중국인이 담임하는 교회가 설립되었고, 1924년에는 300여개의 중국자립교회가 설립되었다. 장로회와 기타 중국 토착교회가 연합하여 중국자립교회를 건설해야 한다고 주장하였다. 장로회는 중화기독교회라고 개칭하였다. 각 공회와 교파가 연합하여 열심히 복음을 전하였다.

3. 하나님께서 중국인 전도자들을 많이 일으키어 사역을 하게

하였다. 그 당시 20세 전후의 청년들의 헌신이 있었다. 1900년 왕명도, 1901년 송상절, 1902년 니토성이 출생하였다. 이 분들은 3-4세 정도의 나이 차가 났는데 20년대에 그들의 나이는 20세 정도였다. 그때 하나님께서 그들을 사용하셨다.

1. 양사오팅

그는 화북신학교에서 신학을 공부하였으며, 그 신학교는 가옥명선생이 원장 및 교수였다. 그는 중국인이 존중하는 사역자 중의 한 분이며 많은 중국인 전도자를 양성하였다. 양사오팅은 졸업 후 그의 고향 산서성에 돌아가 자기 교회에서 사역하였다.

처음 그의 사역지는 산서성 남쪽이었는데 나중에 하나님이 그를 사용하셔서 열 몇 개의 현을 담당하였다. 그 당시 성도는 많으나 전도인은 적었고 신학교 졸업자는 더욱 부족하였다. 후에 그는 '영공단'이라는 단체를 만들어서, 각 교회의 열심있는 청년들을 모아 교육을 시켰다. 그들은 그 지역 교회의 예비 전도자였고 1년에 2~3차례의 회의와 사역의 여러 가지 문제를 나누었다. 사역 중에 생긴 문제도 있었고 성경을 읽으면서 이해하기 힘든 문제와 개인의 영적 문제도 있었다. 그러므로 양목사는 이러한 문제의 해결과 성경공부도 하였다. 물론 모든 문제를 다 해결하지는 못했으나 함께 기도하였고 후에 그들 스스로 해결하기도 하였다. 그들의 문제는 실제 사역 가운데 발생한 문제들이다. 그래서 그들은 돌아가서 그 문제들을 실제 사역에 활용하였다. 그것은 진정한 신학교일 뿐 아니라 하나님께 직접 배우는 신학이었으며 사역하는 중에 스스로 신학을 배워나가는 것이었다. 이것이 양사오팅의 헌신 중에 중요한 공헌이다.

  항일전쟁시 그곳은 큰 혼란이 있었다. 후에 북경으로 옮겼고, 항일 전쟁 후에는 남경에서 목양을 하였으며, 1947년에는 상해신학교에서 강의를 하였다. 그는 하나님께서 사용한 전도자였으나 그의 실수는 그 후 삼자에 가입한 것이다. 모두가 안타까워 하였다. 문화혁명 때 청소부로 일하였고 나중에 병으로 별세하였다. 결론적으로 그는 많은 사람들의 존경을 받는 하나님의 일꾼이었고 겸손하였다. 그의 설교는 많은 사람들을 감동시켰다. 그의 설교는 열정적이기보다 조용히 말씀을 강해하였다. 그의 설교 준비는 참고서를 보는 것이 아니라, 하나님께 직접 성경본문을 달라고 기도하였으며 더 나아가 그 본문을 깨닫게 해달라고 하였다. 그는 그 말씀에 감동받기를 원하였다. 그는 '하나님으로부터 감동 받지 않고 어떻게 다른 사람을 감동시킬 수 있는가' 하고 하였다. 그의 설교는 기도하는 가운데 하나님의 인도로 준비하였다. 또한 여러 번 기도하면서 설교 내용을 외웠다. 그렇게 준비하기에 많은 감동을 줄 수 있었고 비록 그가 잘 아는 내용이라도 충분히 준비하여 새롭게 하여 설교하였다.

2. 왕명도

그는 20세에 빠오밍의 어느 학교에서 교사로 일하였는데 학생들이 그를 좋아하고 따랐다. 그 때 그는 예수님이 침례를 받은 것을 보고 학교측에 본인도 침례를 받게 해 달라고 요청하였다. 그 당시 그가 근무하였던 학교는 장로회 소속으로 교장은 그에게 업무에 충실하라고 권면하였고, 그가 대학을 1년 밖에 다니지 않았으므로 좋은 강의를 하면 외국에 가서 공부할 수 있도록 해 주겠다고 하였다. 그러나 그는 계속 침례를 요청하였기 때문에 그를 사직하도록 하였다.

왕선생은 어느 날 한 겨울 강에서 얼음이 얼지 않은 곳을 찾아 침례를 받고, 후에 북경 집으로 돌아왔을 때 가족은 직업을 버렸다고 질책하였고 친구들로부터는 정신이 잘못되었다는 말을 들었지만, 자신의 생각으로는 내가 진심으로 주를 따를 때 주님께서 나를 크게 사용하실 것이라는 확신이 있었다. 자신이 바르게 서 있으면 나에게 설교를 해 달라는 기대를 품고 있었는데 그런 일은 발생하지 않았다. 그래서 그는 집안 일을 도우며 오랜 시간이 지난 어느 날 하나님께 원망하기를 "하나님 왜 저를 그릇만 씻게 합니까?"하며 그릇을 던졌는데 그때 그는 '작은 일에 충성치 못한 자가 어떻게 큰일에 충성할 수 있는가' 라는 말씀이 떠올라서 그후부터는 온 정성을 다해 그릇을 잘 씻었다.

하나님께서 23세에 그를 사용하셔서 설교하게 하였다. 24세 때에는 가정에서 교회를 시작하였고, 27세 때엔 〈영의 양식〉이라는 교회간행물을 발간하였다. 신자들이 날로 늘어났고 나중에는 장소를 매입하여 집회장소를 건축하였다. 37세가 되었을 때 그가 건축한 교회당은 600-700명을 수용할 수 있었다. 그리고 전국 각지에서 그에게 설교를 부탁하였다. 중일전쟁 당시 일본이 북경을 침략하였을 때 그는 주님을 믿고 섬기기 위하여 아주 큰 대가를 지불하였다. 그 후 그는 하나님의 참 진리를 위하여 신신학파와 변론을 하였다. 또한 진리의 말씀을 수호하기 위하여 많은 글을 썼다. 이로 인하여 그는 1950년대에 정부에 체포되었다. 이 시기는 왕선생에게 아주 힘든 시기였으므로, 1956년도에 그는 인정하지 말아야 할 부분을 인정하므로 출감하게 되었다.

체포될 당시에 그는 너무 두려워서 거짓 자백을 하게 되었다. 자신도 양심에 위배되는 말을 해서는 안되겠다고 생각하여 정부 관리에게 내가 한 말은 진실이 아니라고 고백하였다. 그래서 왕선생은 1958년에 다시 체포당하여 21년 동안 감옥생활을 하였다. 하지만 왕선생은 매우 강하였다. 그는 무기징역을 언도 받았지만 1980년에 석방되었다.

1980년 이후에 정책이 변화되면서 일부분 잘못된 판결을 재판결하게 되었다. 그때 왕선생에 대한 재판 결과는 다음과 같다. 왕선생은 반혁명의 죄명으로 무기징역을 판결받았는데 지금은 유기징역 1년으로 판결을 바꾸고 앞당겨 석방하면서 사인하라고 하였다. 사인만 하면 석방이 되는데 왕선생은 사인하지 않았다. 왕선생은 자기는 근본적으로 반혁명 죄가 없다고 선언하였다. 간수가 왕선생 아들에게 전보를 쳐서 아버지를 데리고 가라고 하였다. 왕선생은 아들에게 이상하게 여겨 "누가 너를 이곳에 오라고 하였느냐?" 반문하면서 "돌아가서 내가 직접 연락할 때에 오라"고 분부했다. 정부는 별 다른 방법이 없었다. 당시의 상황에서 왕선생을 감옥에 두는 것이 합당치 않았으므로 소장은 왕선생에게 감방을 옮기라고 하였다. 그가 간 곳은 출감한 사람들이 갈 곳이 없어 머무르는 곳인데 왕선생은 그 사실을 모르고 있었다. 감옥에서는 제때에 밥을 주는데 식사 때가 되어도 밥을 배식하지 않자 이상히 여겨 주변 사람들에게 물어보니 그곳은 감옥 밖이라 식사 배식을 하지 않는다고 하였다. 그는 다시 감옥으로 돌아가겠다고 그랬는데 감옥에서는 출감한 사람은 들어올 수 없다고 그를 들여보내지 않았다. 벌써 80세가 되어버린 고령으로 밥을 지어먹을 수 없었기에 아들집으로 갔다. 그는 상해 아들집에 가정집회를 회복하고 여전히 주의 이름을 위하여 일하였다. 1991년 그는 91세를 일기로 주님 앞으로 가셨다.

3. 송상절 박사

그는 1901년 목사인 아버지에게서 태어났다. 그는 어릴적부터 어린이들을 대상으로 주일학교를 도왔다. 그래서 송상절을 작은 목사라고 불렀다. 1920년도에 그는 미국으로 가서 대학공부를 하였는데 6년 후에 박사학위를 받았다. 대학교 1학년 때부터 박사학위를 받는데 까지 6년 밖에 걸리지 않았다. 미국신문도 한 중국

유학생이 이처럼 뛰어난 성적을 거둔것에 대하여 많이 보도하였다. 관계부처에서 그에게 상장까지 주었다. 박사학위를 받은 후에 그는 전도사역에 헌신하였다. 나중에 그가 신학교에 들어갔는데 그 신학교는 신신학파 신학교였다. 그는 열성적인 신앙생활을 하였는데 신학교 교장이 그가 미친 줄로 여기고 그를 정신 병원에 입원시켰다. 열심히 주를 섬기는 자가 정신병환자들과 함께 있다는 것은 매우 고통스러운 일이었다. 그때 그는 성경을 40독하였다. 그는 병원에서 나와 곧바로 귀국하였다.

그는 배를 타고 귀국하였는데 도착하기 직전에 자기의 상장과 학위증을 바다에 던져 버리고 철저히 전도자로 헌신하였다. 그때가 1927년이었는데 26세인 송박사는 곳곳에서 설교를 하였고, 하나님은 그를 크게 사용하였다. 그는 1944년 43세를 일기로 별세하였다. 그의 설교는 능력이 있었고 지금도 어떤 이들은 송박사의 설교를 듣고 헌신하였다고 말한다.

4. 니토성(워치만 니)

니토성은 1902년 기독교 가정에서 출생하였다. 어릴 때부터 예수님을 영접하기를 원치 않았다. 그 원인은 어머니가 항상 이유 없이 그를 책망했기 때문인데, 기독교인이 나를 그런식으로 대하였으니까 나는 기독교인이 되지 않겠노라고 다짐하였었다. 니토성은 매우 총명하였다. 그는 교회학교에 다녔는데 매 과목

성적이 모두 뛰어났다. 그 학교는 미션스쿨이었기 때문에 성경교과가 있었는데 그 과목만이 성적이 좋지 않았고 시험에서 낙제를 하였다. 그 학교의 규정은 성경과목이 불합격이면 유급된다고 규정하였기 때문에 그는 성경과목 시험 때에 커닝을 하였다. 그런데 학교의 또 한 가지 규정은 커닝하면 퇴학시킨다는 것이었다.

  니토성이 17세 때의 일이었다. 그때 그의 어머니는 성령님의 감동을 입어 신앙에 큰 변화가 있었다. 어머니는 자기가 이유 없이 자녀를 책망한 것이 잘못되었던 것임을 깨달았고, 성령님도 그녀에게 그 죄를 인정하게 하였다. 그 당시 중국가정은 아주 봉건적이어서 가정에서 부모의 권한은 절대적이었다. 부모가 한 일들에 대해서는 언제나 옳은 것이었고 자녀들은 그것이 어떠한 것이 되었든지 따라야 하였다. 이런 상황아래서 어머니가 아들에게 잘못을 인정하는 것은 매우 어려운 일이었다. 하지만 성령님의 감동으로 잘못을 인정하였고 모자간에 감정도 회복되었다. 여기에서 그도 학교에서 커닝하였던 일에 대하여 죄를 자백해야 한다는 생각이 들었다. 그것을 자백한다는 것은 퇴학당할 가능성이 있는 것이고 자백하지 않으면 마음에 평안을 찾을 길이 없었다. 결국 그는 교장선생님을 찾아가 자기의 죄를 자백하였고 교장선생님은 그의 성실함을 보고 그를 용서해 주었다.

  그후로 그는 열심히 주님께 봉사하기로 결심하여 나중에는 전도자가 되었다. 그는 젊었을 때에 '영에 속한 사람'이라는 책을 썼는데 영어로 번역이 되었고, 한국어로도 번역이 되어 있다. 그 후 그는 집회소를 세웠다. 모든 사람들은 그 집회를 소군이라고 불렀다. 당시 그의 설교는 일부분의 사람들에게 영향을 주었는데, 그는 공회나 종파는 교회가 아니고 오직 자기의 소군만이 교회라고 불렀다. 이 때문에 많은 반대가 있었다. 그가 실수한 또 한 가지는 성화 약품공장을 세운 것이다. 이 공장을 설립함으로 소군의 다른 지도자들은 그가 설교하는 것을 금지하였다. 1947년 공장을 세운 것이 잘못이라고 인정한 후에 그는 다시 설교할 수 있게 되었다. 신중국이 성립된 후 1952년에 중국에서는 반자본주의 운동이 있었는데 성화약품 공장의 일로 인하여 니토성은 죄 있는 자본주의자로 체포되어 유기징역 20년형을 언도 받아 1972년에 출감한 뒤 얼마 후에 별세하였다.

4. 예수 가정

1920년대에 하나님이 크게 사용하신 많은 일꾼들이 일어났으며 또 다른 커다란 일로 자립, 자전, 자양의 교회가 출현하였다. '예수가정'이 바로 이런 교회였다. 예수가정의 창시자는 경전영 선생이다. 그는 원래 불신자이고 학자였는데 아내가 전족을 한 구시대의 여자라는 것 때문에 이혼을 하고 친정으로 보냈다. 예수님을 믿고 난 후 이 일이 잘못인줄 깨달아서 다시 아내를 데려와야 한다는 결심을 하였다. 그는 산동성 태안사람으로 태산 근처에 살았기 때문에 아내를 데려오는데 많은 어려움이 있었다. 그래서 그는 부인을 업고 돌아왔다. 부근의 부인들이 보고 경선생님이 양교를 믿더니 많이 좋아졌다고 감탄을 하였다. 부인도 그 사건으로 감동을 받아 예수님을 믿었다. 그들이 가장 열심일 때 그들은 그들의 재산을 팔아 가난한 자들에게 나누어 주었다. 이로 인하여 많은 사람들이 믿게 되었다.

그는 예수가정을 설립하였고, 예수가정에 들어오고자 하는 자들에게 그들의 모든 재산을 팔아 사도행전의 교회처럼 함께 사용하며 살 것을 요구하였다. 1930년대에 이르러 예수가정은 100여 개나 되었고 17개 성에 분포되었다. 해방이 된 이후에 산동성의 신정부는 그들이 먼저 공산주의를 실현하였다고 칭찬하며 나중에는 사람까지 파견해 배우도록 하였는데, 사실은 정확한 사항을 파악하기 위한 것이었다. 토지개혁 때에 그들은 경선생을 지주라고 정죄하고 예수가정을 해산시켰다. 그 후에 그가 어떻게 되었는지는 잘 알지 못한다.

1980년대 말에 다시 작은 예수가정이 나타나기 시작하였다. 예수가정과 같은 교회들은 모두 중국인의 자립, 자전, 자양의 교회였다. 니토성의 소군교회도 이와 같은 교회이다. 왕명도 선생의 교회 역시 자립, 자전, 자양의 교회였는데 이미 1920년대에 시작되었다.

현재의 가정교회 지도자들의 고충

어느 지역의 가정 교회 지도자 두 사람은 함께 십수년 전에 옥고를 함께 치렀던 성도이다. 출감 이후 두 사람은 교회를 섬기게 되었고 그의 지도 아래 수십개의 가정 교회가 생겨나 두 지도자는 쌍벽을 이루는 지도자의 자리에 서게 되었다. 그러나 그 두사람 사이에는 미묘한 냉전이 흐르고 있었다. 서로 교제도 없이 지도자의 자리에서 지도를 하고 있었다. 결국 그들도 인생이었던 것이다.

가정교회 안의 눈에 보이지 않는 카리스마를 아무에게도 침해 받지 않고 있었던 것이다. 결국 하나님의 은혜와 섭리 가운데서 지도자 재 교육 프로그램이 외부 강사에 의해 진행되자 모두 참석하게 되었고 그것을 기회로 서로 손을 다시 잡게 되었다.

어느 도시 지도자는 말하기를 "목사님, 지도자들을 먼저 훈련시켜 주세요 평신도를 먼저 훈련 시켜 놓으니 우리가 지도 할 수가 없어요"라고 했다.

그렇다. 신학교육을 받은 목사도 목회에 한계가 오는데 가정교회 지도자는 오죽하겠는가? 그렇다고 솔직히 나의 지금 영적 상태가 이렇다고 성도들에게 말을 할 수도 없고 없어도 있는척, 탈진하고 쓰러질 지경이지만 그래도 성경을 들고 강단에 올라 가야 하는 현실이었다. 일반 신도의 교육 수준은 급속히 발전 되는데 지도자는 교육 수준이 낮고, 여자가 대부분이고, 농촌 사람이 대부분이다 보니 마음에는 원이로되 육신이 약한 현실이다.

가정 교회 지도자는 〈섬기는 종〉이다.

설교, 심방, 기도, 상담, 교육 모든 것을 다하는 만능 목회자여야 한다.

그러나 일반 신도는 그 고충을 잘 모른다.

어느 지도자는 마약에 빠진 형제를 도와 기도하고, 병원에 격리하여 85%정도 회복을 시켰다. 그래서 그 식구들이 좋아하고 성도들도 기뻐했다. 이제 그를 태국에 보내어 마약에서 새로운 인생을 살게된 성공 사례 인물로 성경 공부도 하고 마약 끊는 기회로 보내는 일에 인도를 하게 되었다. 호사다마란 말처럼 그 일에 마귀의 역사로 태국에서 탈출하여 다시 마약에 빠지게 되자 그 가족은 손해 배상 청구를 가정 교회 지도자에게 하게 되었다. 그 지도자는 돈도 없거니와 다른 성도들에게 금전적으로 오해를 받게 되어 그 지역에서 살지 못하고 떠나야만 했다.

가정 교회는 숫적으로는 20~30명 정도이지만 문제는 고린도 교회에 있는 문제처럼 다 있는 알곡과 가라지가 섞인 복잡한 현실 교회인 것이다. 과부 사정 과부 알 듯이 사역자들이 그들을 위로하고 돕지 않으면 그들은 설 곳이 없는 현실이다. 필자는 이런 지도자를 찾아가 그릿시내가에 머무르는 엘리야 이야기를 사용하여 위로해 주고 설교 자료를 공급하며 매년 한차례 이상 교제하며 섬기고 있다.

가정 교회의 지도자의 윤리는 청빈과 겸손 그리고 섬김에 있다. 가정 교회의 지도자의 미덕은 청빈과 겸손과 섬김이라고 말할 수 있다. 그러다 보니 경제적으로 어려워도 어렵다고 말할 수도 없고, 사례도 없으니 현실 생활에서 너무나도 구차하게 지낼 때가 많다.

특히 설교 시간에 〈돈〉에 대한 설교는 잘 할 수가 없고 또 중국 사람의 헌금은 일원 혹은 오원, 십원 정도의 수준이니 교회 운영에 대단한 어려움을 말로 못한다.

그러나 간혹 은혜받은 성도는 많은 헌금을 하기도 한다.

17

청소년들과 가정 교회 생리의 부조화

18세 이하의 자녀들에게 종교 교육을 시킬 수 없다는 것이 헌법에 명시되어 있다. 그러나 가정 교회의 자녀들이 간혹 모임에 참석한다. 그러나 그들은 제대로 신앙교육을 받지 못하고 있다. 예배의 말씀과 찬송 그리고 활동이 전혀 문화를 고려하지 않고 진행하기 때문이다. 물론 성령의 감동으로 그런 가운데서도 믿음이 자라는 경우도 있으나 대부분은 그렇지 못하다.

교회의 청소년 교육

교회의 주요한 직분은 하나님의 말씀을 가르치는 것이다. 과연 전도가 교회의 가장 중요한 일이기는 하지만 하나님의 진리를 변경할 수는 없다. 왜냐하면 전도 역시 가르치는 것이기 때문이다. 그러나 교회가 교회 안에서만 가르치는 것이 아니라 교회 밖에서도 마땅히 가르쳐야 하는 것이다. 교회가 이 일을 실행할 때 교회의 구원받은 청소년들을 반드시 주의해서 가르쳐야 하는데 이것이 최고 급선무다.

청소년 교육의 필요성

성경은 자녀들의 신앙 교육을 굉장히 중요시하고 있다. 예를 들어 모세가 이스라엘 백성에게 분부하기를 '오늘날 내가 네게 명하는 이 말씀을 너는 마음에 새기고 네 자녀에게 부지런히 가르치며 집에 앉았을 때든지 길에 행할 때든지 누웠을 때든지 일어 날 때든지 이 말씀을 강론할 것이며 너는 또 그것을 네 손목에 매어 기호를 삼으며 네 미간에 붙여 표를 삼고 또 네 집 문 설주와 바깥문에 기록할 찌니라'(신6:6-9)

모세는 자주 하나님의 백성들에게 하나님 말씀을 그들의 자녀들에게 가르칠 것을 분부했다.

은혜의 언약 교리는 최고 중요한 한 방면이다. 즉 하나님께서 자손 대대로 구원의 은혜를 후대에게 전해내려 가게 하신 것이다. 그러므로 우리는 언약의 전승이 결코 자발적인 것이 아님을 주의해야하는 것이다. 신자의 자녀라고 부모를 통해서 자동적으로 구원을 받는 것이 아니다. 마치 그들이 부모로부터 신체상이나 혹은 성격이 자연스럽게 닮듯이 구원을 받게 되는 것이 아니란 말이다. 은혜언약이 예외가 없는 것이 아니다. 신자의 자녀라고 모두 예수 믿는 것이 아닌 것이다. 우리로 하여금 가슴 아프게 하는 것은 많은 기독신자의 자녀 가운데 자라나서 그 은혜의 언약을 깨트려 버리는 자가 많다는 사실이다. '이스라엘에게서 난 그들이 다 이스라엘이 아니요'(롬9:6)란 말씀처럼 은혜언약은 은혜의 말씀을 의지함으로 계속된다는 점을 꼭 기억해야 한다. 실제로 어린아이가 성경을 알기 전에 하나님께서 중생의 은혜를 그 어이에게 줄 수 있다. 하나님은 왕왕 그렇게 하신다. 그러나 하나님이 분명히 그렇게 하실 거라고 추측할 이유가 없다. 성경은 말하기를 '믿음은 들음에서 나며 들음은 그리스도의 말씀으로 말미암았느니라'(롬10:17) 이 말씀은 자기 자신에게 적용할 뿐 아니라 언약의 자손에게도 적용해야 하는 것이다.

만약 은혜언약이 자동적으로 예외 없이 계속되어 내려간다면 언약의 자손은 종교 교육을 받을 필요 없이 저절로 기독교인이 될 것이므로 은혜의 과정을 의지할 필요가 없을 것이다.

그러나 실제에 있어서 그들의 신앙교육은 필요할 뿐만 아니라 굉장히 시급한 것이다.

이것은 하나님이 예비하신 것이요 정하신 은혜 언약의 과정인 것이다. 만약 교회가 이 일을 소홀히 한다면 용서 받을 수 없는 과오를 범하는 것이다. 그런데 이 일을 잘하고 있는 교회가 너무나 적다는 사실이다.

참으로 이상한 일은 어떤 교회는 선교에는 열심인데 자기 자녀의 신앙교육이나 주일학교는 등한히하고 있다. 우리는 마땅히 두 가지를 다 해야지 한쪽으로 치우치면 안 되는 것이다.

어느 유명한 한 선교사가 미국교회를 향하여 책망하기를 "당신들이 아랍국가의 자녀들의 선교를 위해 선교사를 파송하면서 당신 집의 자녀들의 신앙교육은 왜 소홀히 하십니까?"라고 했다.

〈전도법과 실천신학〉이란 책에서 말하기를 실천신학은 말세에 마땅히 몇가지를 특별히 중요시해야 하는데 가장 중요한 것은 차세대를 위한 신앙교육이다. 또 젊은 목회자가 일생을 복음 위해 종사할 때 우리는 그에게 "당신이 목회 사역할 때 예수 그리스도의 진리와 그 원칙에 따라 차세대를 잘 가르치시오"라고 권면해야 한다.

청소년 교육의 광범성

천주교회와 몇몇 루터교회 그리고 기타 종파에 속한 자들이 성경의 특별 계시를 자녀들에게 가르칠 때 역시 자연계의 일반계시를 가르친다. 그러므로 교회가 국어, 산수 등 일반 학교의 과정을 가르치는 학교를 세우는 것이다. 기독교 학교에서 언약의 자손들에게 일관성 있는 체계적인 교육을 시키는 것이 필요하지만 이것은 일차적으로 부모의 책임이지 교회의 책임은 아닌 것이다. 성경에 따르면 교회의 책임은 하나님의 말씀을 사람들에게 가르치는 것 이외에 교회는 다른 것을 할 수 없는 것이다. 이것은 교회가 언약의 자손들에게 전면성을 가지고 가르치지 않는다는 의미가 아니다. 비록 이 사역이 인류의 지식을 전부 포함하고 있지는 않지만 분명히 만상을 망라하고 있는 것이다(성경은 모든 원리를 가르치고 있다).

어떤 이는 기독교는 교리가 아니고 바로 생활의 표현이라고 주장한다. 만약 이것이 사실이라면 교회는 청년들이 어떻게 살아가야 하는지 가르쳐야 할 것이다. 그러나 기독교는 실제 생활이면서 동시에 교리가 있는 것이다. 이것은 불변의 진리이다(바울 서신을 보라 모두 전반부는 교리이고 후반부는 기독신자의 생활을 다루고 있는 것이다).

어떤이는 기독교는 교리가 아니고 황당무계한 이야기라고 한다. 그러나 성경을 보라!

성경은 중요한 교리를 일찍이 답을 제시해 주고 있다. 예를 들어 하나님은 누구신가? 사람에게 불멸의 영혼이 있는가? 죄가 무엇인가? 예수님은 누구신가? 죄인은 자기 스스로 구원 받을 수 있는가? 하나님이 하시는가? 이런 문제에 대하여 신앙을 떠나고, 성경의 입장을 떠나서 해답을 찾으려하면 대단히 어리석은 짓인 것이다.

분명한 것은 기독교도 일종의 생활방식이다. 그러나 모든 교회의 목사가 기독교인의 생활에 관하여 일치된 관점을 가지고 있는 것은 아니다. 많은 사람들이 십계명이 객관성과 선량한 사람의 표준이 됨을 부정한다. 참으로 더 이상한 일은 교회의 많은 보수

파의 신자들도 성경에 기록된 율법에다가 사람의 교훈을 덧붙이고 있는 것이다.

교회는 반드시 차세대의 일꾼이 될 청소년들을 가르쳐야 한다. 기독교는 바로 역사성을 가진 교리가 있으며 동시에 교리에 합당한 실제생활도 중시하는 것이다. 이 두 가지는 절대 등한시 할 수 없는 것이다.

청소년교육의 풍성한 수확성

교회가 완수해야 할 사역은 바로 청소년들을 가르쳐 풍성한 수확을 거두는 것이다.

이것은 자연적 측면과 초자연적 두 가지 측면에서 설명할 수 있다. 자연적인 방면에서 이유는 사람의 천성에 관련된 것이다. 그들은 감수성이 강할 때이므로 가르치기가 쉽다. 나무가지가 어릴 때는 돌려놓기가 쉽지만 나무가 세월이 흘러 자라고 나면 가지를 굽히기 힘들고 무리하면 부러지는 것이다. 초자연적인 측면에서 교회가 은혜언약을 가르칠 때 하나님의 신실하신 은혜 언약은 반드시 청소년들에게 큰 축복이 될 것이다.

하나님은 이런 축복들을 교회에 주셨으므로 이것을 실시하는 교회는 장래가 보장되지만 안 그러면 교회는 얼마 못가 세상에서 존재하기 어려울 것이다. 사실상 많은 교회들이 이미 빈혈로 쓰러지다시피한 교회들이 많다. 주일학교가 거의 없다. 왜냐하면 차세대 교육이 결핍되어 메말라 죽어가고 있는 것이다. 교회는 그들에게 기독교의 교훈을 주의하여 가르치지 않고 있고, 청소년들도 흥미가 없고 그래서 교회를 다 떠나가고 마는 것이다.

(주일학교가 200명이면 중등부는 100명 정도이고 고등부는 50명 대학부는 10명 정도밖에 안되는 이 현실적인 통계만 보아도 알 수 있다)

그러나 반대로 기독교 교육에 열심 있는 교회는 주일학교에 투자를 많이하여 확실히 비전 있는 교회로 성장해 가고 있는 것이다. 언약의 자손이라고 회개할 필요가 없다고 생각하지 말아야 한다. 비록 유아세례를 받았다 해도 그들이 자라가면서 여전히 회개해야 하며 자기 스스로 옳고 그름을 판단할 나이가 되면 반드시 자기 죄를 인정하고 구원은 오직 예수님을 의지함으로 얻는 줄을 알고 믿을 때 뜨거운 신앙이 생기는 것이다. 동시에 그들은 반드시 하나님의 은혜를 의지하며 마귀와 세상과 육체의 정욕을 대적하며 일상 생활에서 주님께 영광을 돌리게 해야 한다. 이런 변화된 모습을 교회 안에서 종종 보게 되는데 이것은 교회의 주일학교 교육을 통하여 얻는 열매인 것이다. 또 말하기를 꺼릴 필요가 없는 작은 위기는 언약의 자손이 교회 교육을 몇 년 동안 받다가, 하나님의 말씀이 종종 흙이 깊지 않는 밭에 떨어진 씨처럼 싹이 잘 돋아나 자라다가 빨리 시들어 버리는 경우가 있다(마태 13:5-6, 20-21절).

하나님의 축복은 교회가 진리 가운데 행할 때 계속된다. 많은 교회들이 소위 진리에서 치우침으로 인하여 그 교회 성도들이 바른 진리 위에서 가르침을 받지 못하여 진리와 비진리를 분변하지 못하는 지경에 이르기도 한다. 반대로 충성스럽게 청소년 교육을 잘하는 교회에서는 미리미리 예방할 뿐만 아니라 동시에 현실에 수많은 이단의 교리를 모두 물리칠 수도 있도록 무장하는 것이다.

하나님의 말씀을 가감없이 잘 깨달을 수 있고 신자들에게 풍성한 은혜를 끼치는 교회는 복된 교회이다. 교회 안에 진리의 말씀을 무엇이든 잘 소화해 낼 수 있는 얼마나 찾아보기 힘든지! 대다수의 신자는 비유하자면 영적 우유만 먹는 상태이고 딱딱한 음식은 좋아하지 않고(교리 설교나 강해설교), 심지어 우유를 먹을 정도도 안되어 물을 좀 타서 먹어야 하는 신자도 많다. 히브리서 5장 12절 말씀처럼 예수 믿은지 오래 되었기에 마땅히 선생이 되어야 할 터인데 '너희가 다시 하나님의 말씀의 초보가 무엇인지 누구에게 가르침을 받아야 할 것이니 젖이나 먹고 단단한 식물을 못 먹는 자가 되었도다' 이런 비참한 현상은 교회가 마땅히 받아야 할 질책인 것이다. 이것은 모두 교회가 그들이 어렸을 때 그들에게 알맞은 신앙 양육을 하지 못했기 때문인 것이다. 이런 교회는 청소년들을 모두 영적 바보천치로 만들었다고 해도 과언이 아니다.

복 있는 교회는 비록 인적 자원은 부족해도 여전히 이 사역을 잘해 나가는 교회인 것이다. 많은 교회들이 사람의 지도 아래서 바둥거리고 혹은 리더십이 부족한 지경인데 이것은 모두 목사와 장로의 자격 부족에서 오는 현상이다. 그나마 또 목사가 없는 교회도 있고 선교사를 파송해 보지 못한 교회도 있다. 교회를 포도원에 비유한다면 이 포도원에서 어떻게 열심히 청소년 교육을(주교 교육) 실시하면 좋을까? 가야 할 길이 아직도 멀고도 멀다.

믿음 좋고 영육간에 건강한 신자가 있다는 것은 이 시대의 하나님의 큰 축복이다.

어떤 교회는 마치 병원과 같아서 영육간에 다 병들어 있는 환자들만 득실거린다.

이런 현상의 원인은 바로 종교적 지식이 종교의 실제 경험을 따라가지 못함으로 교회에 신비주의 열광주의 등등의 병이 걸리는 것이다. 이 두 가지는 교회 안의 급속히 번져 대다수의 열심있던 신자들도 종종 잘못된 방향으로 무지한 열심을 내고 있는 것이다(롬10:2).

그래서 신유집회, 은사 집회만 찾아다니는 것이다.

성경의 지식은 바로 그런 병을 고치는 양약이며 이런 병이 생기는 것을 미리 막아 주는 것이다. 만약 교회가 청소년 교육을 하지 못한다면 그 교회는 사망의 길로 가고 있다고 봐도 조금도 이상할 게 없다. 하나님께 감사를 드리자. 여전히 몇몇 교회에서는 하나님의 말씀에 충실하게 주일학교 교육과 청소년 교육을 하고 있는데 그들의 미래는 매우 밝을 것이다. 언약의 하나님 여호와께서 반드시 그들을 축복하실 것이다.

가정교회의 성경관

로버트 모리슨과 허드슨 테일러 그리고 리챠드 디모데와 같은 초기 선교사들이 다 복음주의 선교사였고 그 이후에도 신실한 주의 종들의 노력의 결과로 중국 가정 교회의 대다수는 건전한 계시관을 가지고 있다.

가정교회는 건전하고 보수적이며 전통적인 성경관을 고백하고 있다.

다시 말해 성경 속에 하나님의 말씀이 부분적으로 있는 것이 아니라, 성경이 전부 하나님의 영감으로 쓰여진 말씀임을 믿는 것이다.

현재 중국의 삼자신학교 안에 자유주의 신신학이 유행하고 있는데, 그래도 가정 교회에서는 비교적 건전한 성경관을 가지고 있다.

동시에 성경은 〈신앙과 생활의 유일한 표준〉임을 고백하고 있다.

시대와 상황은 바뀌어도 주의 말씀은 바뀌지 않고, 바뀔 수도 없는 진리의 표준이요 삶의 준거점이다. 그러나 문제는 성경의 해석과 적용이다. 가정 교회의 성경 해석의 입장을 몇가지로 요약 할 수 있다.

(1) 역사적 배경을 고려하며
(2) 성경 전체의 교훈 아래서 해석해야 한다.
(3) 성령에 의존하며 해석한다.
(4) 성경은 성경으로 해석한다.
(5) 상하 문맥을 고려한 해석을 한다.
(6) 역대 교회의 신앙적 전통을 참고한다.
(7) 개인의 뜻대로 주관적인 영해를 반대한다.

필자의 경험으로는 집회시에 성경을 해석하는 경우 '이징지에징' 즉〈성경을 성경으로 해석한다〉는 말을 많이 하면서 사랑이란 단어가 나오면 성경에 나오는 사랑이란 단어를 인용하여 설명하고 세상이란 단어가 나오면 성경에 나오는 세상이란 단어를 무조건 인용하여 설명하는 것을 '이징지에징' 으로 생각하는 경우가 많았다.

사실 성경을 성경으로 해석한다는 것은 모든 말씀에 짝이 있어서 꼭 그 말씀의 짝이 되는 말씀을 꺼낼 수 있다는 것이 아니라, 구약은 신약으로 신약은 구약으로 해석하여 예를 들면 레위기서를 해석 하려면 신약의 히브리서를 잘 이해하고 참고함으로 바른 해석이 된다는 말씀이다. 또 복음서는 서신서로 서신서는 복음서로 해석한다.

그러나 아직도 성경신학의 부재와 조직신학의 부재로 말미암아 한구절 한구절씩 인용하여 설교하는 것이 대다수이다. 그리고 개인적인 영해를 반대하지만 많은 지도자들이 개인적 영해를 하는데, 그 이유는 자신이 체계적인 신학 교육을 받지 못했고 성경의 참고 도서가 부족하고 동시에 설교해야 할 기회는 너무 많음으로 주관적인 영해로 설교를 하고 있는 경우가 많다.

앞으로 중국 가정 교회 지도자들이 성경을 해석할 때 문법적, 역사적, 신학적 해석을 하여 균형잡힌 하나님의 말씀을 선포할 수 있도록 세계교회는 주안에서 돕고 격려해야 할 것이다.

⑲ 가정 교회의 삼위일체론

먼저 가정 교회 내부 자료에 나타난 삼위일체론은 아래와 같다.

우리는 유일하신 참 하나님(신 6:4 요 17:3) 스스로 계시고 영원히 계시는 삼위일체 하나님 즉 성부, 성자, 성령(마 28:19 고후 13:13)임을 믿는다. 성부 성자 성령은 그 본질이 서로 같으며 동일하게 존귀하고 영광스럽지만 각 위격은 구분되며 두 곳 사역에 있어서도 구별이 있다.

성부는 구원을 계획하고 성자는 구원을 이루고 성령은 구원을 실행한다. 그러나 성부 성자 성령은 분리할 수 없고 삼위는 하나로 합일되어 있다(요 14:11 17:22). 성자는 성부를 나타내고(요 4:9-10) 성령은 성자를 나타낸다(요 16:13-15). 성부 성자 성령은 동일하게 경배와 찬양을 받으며(계 1:4-5, 계 4:10-11 계 5:11-14) 우리는 성령을 통하여(롬 8:27 엡 6:18 유 1:20) 성자의 이름으로(요 16:23-24) 성부께 기도 한다(마 6:9).

우리는 하나님이 우주 만물을 창조하시고(창 1:1 골 1:16) 그의 형상대로 사람을 창조하셨음을 믿는다(창 1:26-27). 하나님은 만유를 주관하시고 다스리시며(롬 11:36) 인류 역사의 주재자시다. 전능하신 하나님은 공의로우시고(신 32:4 시 11:70) 거룩하시며(레 19:2 벧전 1:15) 신실하시고(신 7:9 고전 1:9) 자비로우시다(민 14:18 시 33:5 36:5). 하나님은 알지 못함이 없으시고(요 21:17 시 139:1-6) 어디든지 계시며(시 139:7-12) 능치 못함이 없으시다(사 47:4 48:2). 하나님은 모든 인류 역사 가운데서 그의 주권을 나타내셨다. 성자와 성령은 영원하며 성자는 영원 전부터 성부에게로 말미암으며 피조물이 아니다(요 1:1, 14 히 1:1-3).

성령은 성부와 성자로부터 파송되었다(요 14:26 15:26). 하나님은 영(요 4:24)이시기에 형체나 모양이 없으며 그리스도인은 마땅히 신령과 진정으로 그를 경배해야 한다. 삼위일체의 참 하나님 이외에 기독교인이 경배할 대상은 없다(출 20:3-5 사 44:6). 우리들은 삼위일체에 대한 잘못된 해석, 예를 들면 일체삼형태론(물, 얼음, 증기의 해설)과 일체삼신분론(태양, 빛 열의 해설 및 아들 남편 아버지론) 등을 부인한다.

논쟁의 주제로서 삼위 하나님

교회사적으로 논쟁의 시작은 예수님이 부활하신 후 2세기 이후의 교회는 예수님이 누구냐란 문제였다. 한쪽은 사람이다, 다른 한 쪽은 신이다, 또 다른 한 쪽은 신인양성이라고 주장한다.

그래서 신인양성 교리가 정립이 되고 그 예수님은 곧 하나님이시므로 삼위일체란 말을 사용하여 성부 성자 성령 하나님의 하나 되심을 정립하여 고백하게 된 것이다.

삼위일체 보다는 삼일신

가정 교회에서는 삼위일체란 말보다는 〈삼일신〉즉 셋이면서 한분이신 하나님이란 단어를 즐겨 사용한다. 그 이유는 아마도 교회사적으로 하나님에 관한 신앙을 정립하면서 인간의 용어로 신성을 표현할 때 어울리는 단어를 찾느라고 고심했고, 그 공통된 고백의 내용 가운데 인간의 언어로 다 표현 할 수 없는 많은 부분이 있었던 것이다.

이것이 중국에서 삼위일체로 번역되어 사용되었을 때 중국인의 입장에서 〈위〉와 〈체〉의 뉘앙스가 조금은 부자연스럽게 느껴졌기에 일부에서는 〈삼일신〉이라고 표현 하는 것이다.

여호와의 증인의 삼위일체 부정의 도전

가정 교회 신자 중에 여호와의 증인의 〈삼위일체 부정〉교리를 배운 뒤 교회에서 떠나가는 경우가 자주 있다. 성경에 삼위일체란 말이 없고 또 그 교리를 잘 설명해준 사역자가 없는 상태에서 '아버지는 나보다 크심이니라' 란 한 구절 말씀으로 '어찌 아버지와 아들이 같으냐' 고 공격해도 대답을 한마디 하지 못한 체 그만 여호와의 증인으로 넘어가고 만다.

그러므로 삼위일체를 고백만 그렇게 할 뿐 아니라 교리교육이 시급하다.

역사적으로 삼위일체를 설명할 때는 다음 3가지 방면으로 숙고해 왔다.

1) 경륜론적 삼위일체론
2) 본질적 삼위일체론
3) 내재적 삼위일체론

가정 교회의 기독론

우리들은 예수 그리스도가 하나님의 독생자로서(요 1:14, 눅 1:35), 인간의 몸으로 세상에 오셨음을 믿는다. 완전한 인간으로 시험을 받으셨지만 죄는 없으시다(히 4:15). 그는 스스로 십자가에 못박혀 죽으셨고(빌 2:6-8) 보혈을 흘림으로 그를 믿는 사람을 구속하여 죄악과 사망에서 벗어나게 하였다(마 26:28 엡 1:7). 그는 사망에서 부활승천하사 하나님의 우편에 앉아계시며(롬 8:34, 행 1:9-11 마 26:64) 하나님께서 보내신 성령을 받았으며, 또 하나님을 믿는 사람들에게 성령을 주신다(요 14:26, 20:22 행 1:8). 그리고 마지막 날에 그리스도께서 재림하셔셔(마 16:27 계 1:7). 세상을 심판하실 것이다.

그리스도인은 하나님의 자녀라는 신분을 얻지만(엡 1:5) 그러나 여전히 사람이며 신이 될 수 없다. 예수 그리스도가 다시 오실 구체적인 날짜는 아무도 모른다(마 24:36 막 13:32). 그러나 우리는 그리스도가 반드시 재림하실 것을 굳게 믿으며 재림전에 나타날 징조를 통해 알 수 있다(마태 24-25장 막 13장 눅 21장). 우리는 예수 그리스도가 이미 두 번째 육신으로 태어 났다는 주장에 반대하고 어떤 사람이든지 스스로 그리스도라 칭하는 것을 반대한다(마 24:24 막 13:22). 또 예수그리스도가 이미 재림했다고 주장하는 것은 모두 이단이다.

여기서 중국의 우주적 그리스도 개념의 근거로서 노자의 〈도〉 개념을 잠깐 집고 넘어가자. 도교의 핵심 사상은 道라고 말할 수 있다.

우리말 성경의 요한복음 1장 1절이 처음에는 '태초에 도가 있었다' 고 번역했다가, 후에 '태초에 말씀이 계시니라' 고 바꾼 것을 생각하면 동양문화 이해의 핵심은 도에 있다고 봐야 할 것이다. 그러면 도가 무엇인가?

(1) 道是有創造宇宙能力的原初存在

道生一, 一生二, 二生三, 三生萬物(도덕경 42장)
중국의 고대 철학에서 가장 중요한 개념이 도이다.
이 개념은 노자의 도덕경에서 나왔는데 그 후의 철학가들이 이 도를 해석할 때 일치된 해석을 찾지 못하였다.

어떤 이는 도가 물질적인 것으로 우주 만물을 구성한 원소라고 생각했고, 또 어떤 이는 정신적인 것이면서 동시에 우주만물을 만들어 낸 원천이라고 여겼다.

그러나 이 도를 해석 할 때 학자들이 모두 그 도가 운동하며 변하는 것이지 뻣뻣하게 굳어 정지된 것이 아니며, 우주만물은 자연계와 인간사회와 사람의 사유 등 일체의 운동을 포함하는 것으로 모두가 이 도의 규율에 따라 발전 변화한다는 사실을 공통으로 인정한다.

도는 유일무이한 것으로 모든 만물의 총 근원으로 모든 것이 혼합되어진 하나로서의 도이다. 이 도가 첫째로 모종의 사물을 생산해 내고 이 사물은 제2의 사물을 생산해 내고 제2의 사물은 제3의 사물을 재생산해 낸다. 그리하여 만물을 생산하게 되었다. 만물은 음, 양 두 개의 대립을 포함하는데 음양이 서로 부딪히고 (상극) 또 조화를 이루어 (상생) 나가는 것이다.

(2) 道是超越人所想象的範圍的

道可道, 非常道 ; 名可名非常名(제1장 1절)

도덕경 1장에서 노자가 말하기를 도는 천지만물을 만들어 낸 것이지만 그것을 말로 다 표현할 수 없는 것이며 아주 깊고 오묘한 것으로 결코 쉽게 이해할 수 있는 대상이 아니다. 이것은 무에서 유로 순서를 따라 점진적으로 나아가는 과정이다.

無名, 天地之始: 有名, 萬無之母 (2절)

무명이란 무요, 허무이며 공간이며 이름 있음이란 존재하는 모든 물질을 가리킨다.

즉 공간이 생기자 비로소 천지가 출현되었고 물질이 생기자 비로소 만물이 생겨나게 되었다.

故常無欲以觀其妙常有欲一觀其 (3절)

만약 사람이 욕심이 없다면 만물의 오묘함을 관찰할 것이로되 반대로 늘 욕심을 가지고 있다면 그저 천지만물의 피상적인 현상만 볼 뿐이로다.

此兩者同異名同謂之玄玄之又玄衆妙之門

공간과 물질 이 두 가지가 동시에 다른 이름으로 출현하니 그들은 모두 오묘하도다.

만약 쉬임없이 그것들을 연구하면 바로 만물의 오묘함을 통달하는 문을 찾게될 것이로다.

(3) 無爲而治

有物混成, 先天地生. 獨立不改 周行而不殆, 可以爲天下母(제25장 1절)

만물은 혼성된 것이지만 도는 순수한 상태의 것으로 원만하며 조화로운 것이로다.

그래서 도는 절대적인 것으로 현실세계의 모든 것은 상대적으로 존재하지만 오직 도는 유일무일한 것으로 독립성과 불변성을 가지고 있느니라.

吾不知其名, 字之曰道, 强爲之名曰大. 大曰逝, 逝曰遠, 遠曰反(25장 2절)
나는 이 도의 이름을 모른다. 그래서 도라고 이름 붙인 것이다. 다시 억지로 이름을 붙인다면 〈큰 것, 크신 분〉이라고 할 수 있다. 이 위대한 것의 운동과 발전으로 무한히 큰 것들이 만들어지고 다시 제자리로 돌아오는 것이다.

故道大, 天大, 地大, 王亦大. 域中有四大, 而王居其一焉(25장 3절)
노자는 도와 하늘과 땅과 사람 이 네가지 존재 중에 제일은 도라고 가르치고 있다. 그 도는 쉽게 변하거나 없어지는 것이 아니다. 그것은 변화와 운동을 거쳐 다시 원점으로 돌아온다.
이런 상태가 바로 사물이 만들어지는 최고의 기본이며 근원이 되는 것이다.

人法地, 地法天, 天法道, 道法自然(제25장 4절)
인간사회는 땅의 규율을 따르고 땅의 규율은 하늘의 규율을 따르며 하늘은 보편적인 규율을 따라야 하는데, 보편적인 규율은 자신의 모습을 닮아야 한다. 즉 자연은 도의 본래의 모습을 가리키는 것이다.

2) 기독교적 관점에서 본 도(道)

(1) 위에서 상술한 도덕경 42장에 따라서 본다면 도는 노자의 사상 철학의 산물이다.

즉 자신의 사상과 철학의 궁극적 대답으로서의 〈도〉이다.

도가 만물의 근원이라고 그가 말했을 때 그 도는 기독교의 성경에서 말하는 여호와 하나님이 아니다. 그러나 특별계시를 의존하지 않고 인간의 타락한 이성과 자연계시를 관조함에서 더듬어 찾아 발견한 몸부림은 가히 대단하다고 말할 수 있으나, 여전히 그의 사상은 하나님의 계시에 비해 볼 때 사다리를 놓고 하늘에 도달하려는 몸부림에 그칠 뿐이었다.

(2) 그의 도는 어떤 의미에서 유물론의 기초를 주었다.

공간과 물질을 연구하면 오묘함을 깨닫는 문에 들어선다고 했다. 여기에서 오묘함은 자연과학의 오묘함에 이를 뿐이지 진정한 영적 세계의 신학의 오묘함은 본디 없는 것이다.

결국 도에서 만물이 나오고, 도가 만물을 생성했으니 창세기 1장 1절의 창조주 하나님이 '태초에 하나님이 천지를 창조하시니라'에서 창조주 하나님의 창조론과 어떤 물질의 종합적인 원소에서 생성된 것과는 근본적인 차이를 가지는 것이다.

동시에 그 도가 만물을 생성하고 다시 그 자리에 돌아오는데 인격성이 결여된 도이다.

성경의 하나님은 창조주시요, 관리자시요, 최후에 심판자이시다(롬 11:36).

(3) 그의 도는 후대의 진화론적 사상과 변증법에 사상적 기반을 제공하였다.

도는 일에서 이로, 이에서 삼으로 변화되고 운동하며 점진적으로 발전되어 나아간다.

하나(정) -------음양(반) ---------만물(상극과 상생을 통한 변화와 조화 즉 합)

(4) 그의 세계관은 다분히 운명론적이다.

사람은 땅을, 땅은 하늘을, 하늘은 도를 따르는 것이 정석이란 것이다. 사람이 그저 자연의 순응하면서 살아간다고 할 때 에덴 동산이라면 행복하겠으나, 노자는 특별계시를 통해 인간의 타락을 알지 못했기 때문에 사람의 타락으로 인한 무능성과 사람의 타락의 결과로 자연계의 타락까지를 내다보지 못했던 것이다.

그래서 자연에 순응하면서 욕심 없이 살아가라고 권면했다. 그러나 모든 사람은 〈자기 중심적인 욕심〉이 끊임없이 일어나는 것에 대한 대안을 제시하지 못했고 그 결과 죄의 문제에 대한 해결책도 그의 도에서는 찾을 수가 없다. 그러므로 자연히 기독교의 핵심인 십자가의 도가 그의 도 가운데는 없다. 따라서 마귀는 그의 사상을 이용하여 기독교의 도와 도교의 도가 표현상 비슷한 점을 사용하여 수 많은 사람을 멸망시키고 있다.

> 21

가정교회의 구원론

누구든지 죄를 회개하고(요일 1:9) 예수 그리스도가 하나님의 아들이심을 믿으며(요 1:12), 우리의 죄를 위해 십자가에 돌아가시고(빌 2:6-8) 삼일만에 부활하셔서(요 21:14) 우리의 죄를 사해 주신다는 것을 믿으면(엡 1:7골1:14), 하나님게서 약속하신 성령을 받으며(요 14:16-17) 반드시 거듭나고 구원을 얻는다(롬 10:9-10). 우리들이 믿음으로 인하여 의롭다 하심을 얻었고(롬 5:1 갈 3:8) 믿음으로 성령을 받고 믿음으로 하나님의 자녀가 되었다(갈 4:5-6 롬 8:14-17). 우리들은 하나님이 예수 그리스도 안에서 그의 자녀를 끝까지 보호하심을 믿는다(요 10:28-29 히 7:25). 그러므로 신자는 마땅히 진리를 끝까지 견고하게 믿어야 한다(히 3:14 6:4-8 계 2:25-26).

우리는 성령을 받는 것이 곧 구원의 증거이며(엡 1:14), 또한 하나님의 영이 친히 우리 영으로 더불어 우리가 하나님의 자녀인 것을 증거하시는 것임을 믿는다(롬 8:16). 우리들은 어떤 특정한 현상이나(갈 3:2-5) 혹은 개인의 경험이 사람들이 구원 받는데 확실한 증거로 삼는 것을 반대한다. 우리는 구원을 받은 후에도 은혜를 의지하여 죄를 짓는 것을 반대하고(롬 6:1 15) 여러번에 걸친 구원론을 반대하며, 또한 율법에 의지한 구원론을 반대한다(갈5:4).

한 번 구원은 영원한 구원〈이츠 드어 찌우, 용위엔 드어 찌우〉

즉 한 번 구원 받으면 영원히 구원 받음을 강조함에 대하여 상세한 설명이 요구된다.

다시 말해 바르게 믿고 거듭난 자는 성령으로 거듭 나 그 믿음으로 영원히 구원 얻는다.

그러나 이 사실만을 강조한 나머지 예수 믿은 후 삶의 변화가 없고 아무런 열매가 없으며, 계속 반복적으로 죄를 짓고 죄 가운데 거한다면 그를 가리켜 참 신자, 참 믿음의 소유자라고 보기 어려워진다.

참 믿음은 열매가 있다. 그 열매로 그 나무를 알게 되는 것이다. 참 믿음은 성화를 동반한다. 점진적 성화가 그 삶에서 이뤄진다. 참 믿음은 행위가 있다. 행함이 없는 믿음은 죽은 믿음인 것이다.

로마서 10장 10절에 '사람이 마음으로 믿어 의에 이르고 입으로 시인하여 구원에 이르느니라' 고 했다. 참 믿음은 마음으로 믿고 공적으로 고백하고 더 나아가 삶의 변화가 따라오는 것이다.

성경의 구원관

어떤 사람들은 구원 얻는 문제를 생각할 때 항상 소위 영혼의 구원만을 생각하여, 구원이란 육신과는 완전히 무관한 것으로 생각하는 자들이 있다. 이렇게 영혼과 육신을 분리시켜 생각하는 관념은 사실 일찍부터 초대교회 안에 출현되었던 관념이다. 그때 헬라인들이 예수님을 믿은 후에 이런 사상을 기독교에 가지고 들어왔던 것이다. 그들이 생각하기를 물질은 사악한 것이므로 물질인 육신도 사악하며, 영혼이 구원 얻는 것과는 관계가 없다고 생각하여 결과적으로 두 가지 이단 사설이 생겨났다.

첫째는 고행주의이다.

그들은 육체가 사악한 것으로 생각하여 대단히 싫어하고 할 수 있는대로 못살게 굴고 학대하여 심지어는 규칙적으로 밥도 안 먹고 잠도 안 자고 혹은 어떤 형식적인 즐겁고 재미있는 일도 하지 않았다. 어떤 때는 심지어 자기 몸을 채찍으로 때리면서 '이렇게 해서 마침내 육신의 정욕을 극복하고 자제할 수 있다'고 생각했다.

둘째는 방종주의이다.

이 사람들은 신체는 이미 영혼과 아무런 관계가 없으므로 신체가 무슨 짓을 하든지 사람의 영혼에 영향을 주지 않는다고 생각했다. 그래서 자기의 육체를 주색잡기에 방임하여 육체의 소욕대로 살아가는 사람들이다.

사실 이 두 가지 사상 모두가 기독교의 사상은 아니다. 왜냐하면 기독교는 사람의 영혼을 중요시할 뿐만 아니라, 동시에 육체도 중요시하여 영혼이 좋든 육신이 좋든 모두 하나님이 창조하신 것으로 모두가 하나님의 관심의 대상인 것이다. 아담과 하와 이후의 범죄가 가지고 온 결과는 신체에만 영향을 준 것이 아니라 인간의 영혼도 타락시켜 버렸다. 성경의 관점에서 볼 때 육체와 영혼은 다르다. 범죄 타락한 이후 죄악의 경향성이 있는 육체이므로 대처하는 것이 필요하다. 육체는 피와 살이 있는 신체이므로 선으로 향할 수도 있고 악으로 향할 수도 이는 것이다. 기독교인들로 말하자면 신체는 더구나 성령의 거하시는 전이므로 마땅히 귀하게 여기고 관리해야 한다.

몸의 구원

그럼에도 불구하고 성경은 구원이란 '몸이 포함된 구원'을 말하고 있다. 왜냐하면 하나님은 우리를 〈전인적〉으로 구원하시지 우리의 일부분만 구원하시는 것이 아니기 때문이다.

예수님께서 복음을 증거하실 때 항상 마귀를 쫓아내었고 사람을 치료하실 때 사람으로 하여금 질병의 매임에서 떠나도록 해 주셨다. 또 오병이어의 기적을 행하실 때도 예수님은 신체의 배고픔을 주의해 보시고 이 기적을 행하사 5천명을 배불리셨던 것이다.

이런 점을 중생한 사람에 대해 말하자면 그들은 하나님께로부터 새 생명을 얻은 자이다.

성경은 말하기를 그들은 마음과 지식에까지 점점 새롭게 되어 주 예수님의 생활 양식을 따라 가는 자이다. 그러나 기독신자는 여전히 범죄의 가능성이 있다. 왜냐하면 구원이 아직 완전히 완성되지 않았기 때문이다(already but not yet). 또 기독 신자는 이 세상에서 죽음을 통과해야 한다.

왜냐하면 육체가 아직 완전히 구원을 얻지 못했기 때문이다. (롬 8:23). 다시 말하면 하나님의 구원 계획 가운데 우리의 육체 또한 구원 받는 것이 들어있다는, 그러나 지금 기독교인이 쇠하고 없어질 몸을 가지고 있으므로 신자는 몸의 구원을 기다려야 한다. 이 기다림의 과정 가운데 여전히 고통과 실망을 느낄 수 있다. 왜냐하면 죄와 사망의 세력이 끊임없이 기회를 찾아 조금도 삼가지 않고 사단의 손아귀에 빠지도록 기독신자를 잠식하려고 한다. 그러나 신자의 소망은 실제적이다. 오직 예수님만 의지하면 몸의 구원 얻을 날이 오고야 만다. 그것이 실현 되는 날이 바로 주 예수님이 재림하시는 날이다. 그 때 신자들 모두가 부활하여 썩지 않는 영화로운 몸의 부활을 입어 전인적으로 완전한 구원을 얻을 것이다.

바울 사도는 마지막 나팔 불 때 예수님이 재림하고 죽은 자가 부활할 것을 생각하고 찬송을 금치 못하여 '사망아 너의 이기는 것이 어디 있느냐? 사망아 너의 쏘는 것이 어디 있느냐? 사망의 쏘는 것은 죄요 죄의 권능은 율법이라 우리 주 예수 그리스도로 말미암아 우리에게 이김을 주시는 하나님께 감사하노라'(고전 15:55-57)고 했다. 이로 보건데 신자 부활 이후 썩어 없어지는것도, 죽음도, 범죄도 없이 전인적으로 하나님을 대면하여 보며 하나님과 함께하며 풍성함을 누릴 것이 분명하다. 그러므로 개인적 측면에서 말하자면 하나님의 구원은 완전한 것이며, 사람의 의지와 감정 그리고 사상과 신체 모두가 하나님의 구원 하심을 입어 우리로 하여금 완전히 죄악의 시집살이에서 벗어나 흠도 티도 없이 하나님께 드려지는 것이다.

우주적인 구원

하나님의 구원은 개인 구원에만 국한된 것이 아니고 우주적인 구원이다. 이 말은 무엇을 뜻하는가? 원래 하나님의 구원 계획 가운데 그가 새롭게 하시는 것은 사람 뿐만 아니고 사람이 거주하는 세계를 포함하는 것이다. 그래서 '보라 내가 만물을 새롭게 하노라'(계 21:5)고 하셨다. 사람을 제외하고 피조물의 모습은 어떤가? 로마서 8장 19-21절에 '피조물의 고대하는 바는 하나님의 아들들의 나타나는 것이니 피조물이 허무한데 굴복하는 것은 자기 뜻이 아니요 오직 굴복케 하시는 이로 말미암음이라 그 바라는 것은 피조물도 썩어짐의 종노릇 한데서 해방되어 하나님의 자녀들의 영광의 자유에 이르는 것이니라'고 했다. 여기서 피조물이 썩어짐의 종노릇함과 허무한 데 굴복하는 것을 피조물도 원하는 것이 아니다. 시조 아담이 범죄한 이후 나타나 전세계가 연루된 것이다. 하나님의 창조는 사람 중심의 창조였다. 나머지 피조물은 하나님께서 사람이 거주하고 사용하기 좋도록 준비해 놓으신 것으로 공들여 설계하신 작품이다. 그러나 사람이 범죄한 이후 자연계까지도 자기가 원치 않는 저주를 받았다. 사람이 범죄한 이후로 자연계도 말려들어 현재의 자연계도 무수한 재해를 받게 되었는데 모두 모두 사람의 범죄·타락 이후에 나타난 일들이다.

피조물도 삶과 마찬가지로 하루 속히 이 저주에서 벗어나 하나님 안에서 자유와 풍성한 은혜를 누리기를 원한다. 언제 이렇게 벗어날 수 있을까? 그것은 바로 하나님의 자녀들이 영광을 얻을 때 즉 예수님 다시 오실 때이다. 다시 말해 예수님이 다시 오실 때 신자만 부활하여 새롭게 되는 것이 아니고 천지만물까지 새롭게 되어 모두가 새롭게 됨을 입을 것이다.

구원은 늘 3가지 측면을 고려해야 한다.

이하의 어느 한 가지라도 소홀히 해서는 안되는 것이다.

1) 과거에 십자가 의에서 이루어 놓으신 구원---과거의 구원

2) 현재에 성화의 과정 속에서 거룩을 추구해 가는 구원---현재의 구원

3) 장래에 그리스도 안에서 영화롭게 되어 천국에서 누릴 구원----장래의 구원

22

가정교회의 성령론

성령은 삼위일체 참 하나님의 제 삼위로서, 그는 하나님의 영이고(창 1:2) 그리스도의 영이며(행 16:7) 진리의 영이고(요 15:26 16:13 14:17) 성결의 영(벧전 1:2 갈6:17)이다. 성령은 인간으로 죄를 깨닫고 회개하게 하며(요 16:8). 진리를 알게 하며 그리스도를 믿음으로 구원을 얻게 한다(요 3:5-6). 성령은 믿는 사람들을 진리로 인도하고 깨닫게 하며(요 15:26) 그리스도께 순복하게 하며 풍성한 생명의 열매를 맺게 한다(갈 5:22-23). 성령은 믿는 자에게 다양한 능력을 주어 하나님의 기적으로 그의 큰 능력을 증거하도록 인도 한다(막 16:17-18). 성령은 모든일을 깊이 감찰하신다(고전 2:10).

하나님은 그리스도 안에서 성령의 다양한 은사를 교회에 주셔서 (고전 12:28 14:12) 그리스도의 영광을 나타내게 하셨다. 그리스도인은 믿음과 사모함으로 성령의 부으심과 충만함을 경험할 수 있다(행 2:17-18). 우리는 사도시대 이후 하나님의 이적과 기사와 성령의 은사가 중단되었다는 주장을 부정한다(요 14:12 막 16:17 고전 12:10). 우리는 방언하는 것을 금하지 않으며(고전 14:39) 또한 방언하도록 강요하지도 않으며 (고전 14:5, 26) 뿐만 아니라 방언하는 것이 구원받았다는 증거라고 강조하지도 않는다(고전 12:30). 우리는 성령이 단지 일종의 감화력이나 비인격적인 신이라는 관점을 부정한다(막 3:29 엡 5:30 요 15:26).

보혜사 성령

만약 사람의 능력을 의지한다면 분명히 아무도 이런 책임을 감당할 수 없다. 그러나 하나님의 구원 계획 속에 일찌감치 예수님께서 사람의 연약함을 아시고 배려하여 세상을 떠나가시 전 아버지 하나님께 기도하여 성령을 보내시어 제자들과 함께해 주시기를 구하셨던 것이다.

이 성령님은 아버지 하나님의 보내심으로 예수님의 염두에 두고 있는 제자들을 위해 대신 기도하시며, 각 신자의 마음에 거하시는 분으로 다시 말해 성령님은 예수님을 대신한 분이시다. 예수님이 제자들을 위로하시며 말씀하시기를 "내가 너희를 고아와 같이 버려 두지 아니하고 너희에게로 오리라"(요14:18)고 하셨다.

또 예수님께서 성령 곧 특수한 이름으로 〈또 다른 보혜사〉를 보내주셨다(여기에서 '또 다른'이란 표현을 주목해야 한다). 다시 말해 보혜사가 두분이신데 먼저 예수님 자신이 한 분 보혜사이시고, 성령님은 하나님이 우리를 위해 예비하신 또 다른 보혜사이신 것이다. 원문의 의미에 따르면 보혜사란 '보냄을 받아 곁에 계신 분'이란 뜻이다. 이 분의 하시는 일은 지원해 주고 상담해 주고 도와주는 것이다. 그 외에 법률적으로 변호인의 의미가 있다. 요한일서 2장 1절에서 이 단어를 대언자로(중국어 성경에는 중보자로 번역함) 번역했는데 옆에 서서 지지해주고 변호해 준다는 뜻이다. 원문으로는 대언자나 보혜사나 같은 단어이다. 이로 보아 성령님이 임하심으로 우리의 마음이 한 없는 위로를 얻게 되었다. 왜냐하면 우리 마음 가운데서 수시로 우리를 도우시며 지지해 주시고 마땅히 가야 할 길로 인도해 주시기 때문이다. 그 밖에 성령님은 우리를 위해 변호해 주시며 사단이 우리를 하나님 앞에 우리를 참소하지 못하게 하신다. 예수님의 보혈로 우리의 죄를 대신하게 하시며 우리 위해 변호하시면서 사단이 우리를 고소하지 못하게 하기에, 우리는 겁날 것이 무엇이 있으며 걱정할 것이 무엇이 있겠는가?

성령의 사역

사실상 성령님은 이미 구약 시대부터 일해 오셨다. 모세 여호수아 기드온 삼손 사울 다윗 그리고 선지자들을 막론해서 그들에게 말의 은사, 지혜, 능력, 등으로 그들만이 비로소 하나님의 말씀을 전하고 하나님께서 맡기신 일을 완성했던 것이다. 우리 주님께서도 요단 강에서 요한에게 세례를 받으시고 물에서 올라 오실 때 성령의 충만함을 입으시고 비로소 전도의 일을 시작하신 것이다. 이로 보아서 구약시대부터 성령님은 계속 일해 오신 것이다. 단지 일하시는 방식이 특정한 한 사람 위주였던 것이다. 성령님이 사람에게 임하시면 그 사람은 능력을 입고 하나님의 일을 했던 것이다. 그러나 성령이 수시로 그 사람에게서 떠날 수 있었는데 예를 들면 사울왕으로서 그가 하나님을 불순종 할 때 성령이 그를 떠나시고 다시는 그와 같이 하지 않으셨다.

예수님의 일생은 계속 성령의 충만하신 삶이셨다(요한 3:34). 그래서 끊임없이 성령의 능력과 은혜를 나타내시었던 것이다. 그러면 예수님이 세상을 떠나실 때 성령님이 역시 따라서 떠나 버리셨는가? 하나님께 감사를 돌리세. 할렐루야! 지금은 이미 신약시대인데 예수님의 강림과 죽으심 그리고 부활, 승천을 통하여 인류 역사의 신기원을 이루시고, 성령을 구약 시대처럼 특정한 개인에게 주시지 아니하시고 보편적으로 주시어 모든 신자의 심령마다 개인의 보혜사로 일하시고 계신 것이다. 그래서 우리는 이렇게 비유하여 말할 수 있다. 예수님은 비록 승천하여 세상을 떠나 가셨으나 더 많은 〈작은 예수님〉을 남겨 두시어 계속 미완성의 일들을 하게 하신다. 그러므로 예수님은 "내가 진실로 진실로 너희에게 이르노니 나를 믿는 자는 나의 하는 일을 저도 할 것이요 또한 이보다 큰 것도 하리리 이는 내가 아버지께로 감이니라(요 14:12)"고 약속하셨다.

소위 '더 큰 일' 이란 요한복음 5장 20절에서 무엇인지 알려 주는데 바로 예수님이 장차 사람들에게 영원한 생명을 주시는 직분을 가리킨다. 예수님이 지상에서 병을 고치시고, 귀신을 쫓아 내신 것이 비록 큰 기사와 기적이기는 하나 예수님 승천 이후에는 성령님을 보내사 사람이 비로소 성령님을 통하여 영생을 얻게 된 것이다. 이것은 잠깐 예수님께서 병을 고쳐 주신 일과 비교해 볼 때 자연히 더 큰 일인 것이므로, 성령님이 오신 이후에 제자들은 당연히 사람들에게 영생을 얻게 하는 일과 생명의 도를 전하였던 것이다.

예수님은 승천하시기 전에 제자들에게 아버지의 약속하신 성령님이 임하기 전까지 예루살렘을 떠나지 말고 기다리라고 분부하셨다. 그 이유는 그들이 능력을 받아 주의 증인이 되게 하려고 하신 것이다. 과연 이 약속은 오순절에 이루어져 성령이 마치 급하고 강한 바람같은 소리가 있어 온 집에 가득하며 불의 혀같이 갈라지는 것이 저희에게 보여 각 사람 위에 임하여 그들이 하늘의 신령한 지혜와 능력을 입고 교회 역사의 새 페이지를 장식하였다. 그러면 도대체 성령과 구원의 은혜는 어떤 관계가 있는가? 성령님의 구체적인 사역과 내용은 또 어떤 것들인가?

성령으로 난 생명

세례 요한이 광야에서 전도할 때 그의 메시지는 '회개하라'는 것이었다.

바리새인, 사두개인, 세리 혹은 병정을 물론하고 그는 회개를 요청하고 동시에 회개하는 자들에게 세례를 베풀었다. 그의 세례는 '회개의 세례'라고 말할 수 있다. 그러나 도리어 예수님을 가리켜 그는 불과 성령으로 세례를 주시는 분으로, 자기가 주는 물세례와는 다르다고 했다. 불의 효능은 사람의 죄를 제련시켜 깨끗하게 하는 것이요, 성령은 사람에게 생명을 주는 것이었다. 그러므로 예수님의 세례의 성질은 단순히 회개를 상징하는 세례를 넘어서는 것이었다.

그러면 성령은 사람에게 생명을 주는 것인데 불과는 무슨 관계가 있는가?

요한복음 3장에 재미있는 대화가 나오는데 바로 예수님과 유대의 관원 니고데모와의 대화로 '어떻게 하나님의 나라에 들어갈 수 있는가?'란 대화였다. 예수님은 결단성있고 단호하게 "만약 사람이 거듭나지 아니하면 하나님 나라에 들어갈 수 없느니라"고 말씀하셨다. 이 말씀은 니고데모가 듣기에 아무도 설명해 낼 수 없는 오묘한 도리로 사람이 어찌 다시 어머니 뱃속에 들어갔다가 날 수 있단 말인가? 그야말로 불가사의한 일로서 후에 예수님이 재차 만일 사람이 성령으로 나지 않으면 하나님 나라에 들어갈 수 없는 것을 설명해 주셨다. 그러면 중생(거듭남)이란 무슨 뜻인가?

1. 오직 중생(거듭난자) 만 비로소 하나님의 나라에 들어간다.

오직 중생한 자만이 구원을 얻을 수 있고 하나님의 풍성한 구원의 은총을 누릴 수 있다고 말할 수 있다. 〈이신칭의〉의 교리에 따르면 구원 얻는 자는 예수님의 제자이다. 그러므로 신자는 필히 중생을 경험해야 하는 것이다.

2. 중생한 자는 이것은 일종의 새 생명으로 육신에 속한 것이 아니다. 그러므로 다시 어머니 뱃속에 들어갔다가 나오는 것이 아니고, 성령께서 그 사람의 마음에 들어가 예수님을 죽은자 가운데서 부활하신 그 능력으로 말미암아 우리 모두를 변화시키고 우리에게 새생명과 힘을 주시는 것이다. 이전에 도적질하던 자가 이제는 다시 도적질하지 않고, 이전에 거짓말 잘하던 자가 지금에 와서는 변하여 성실하고, 과거에는 사사건건 자기의 이익만 추구하고 심지어 뇌물을 받아 먹고 부정을 행하던 자가 자기의 권리를 포기하고 정직하게 살아가게 되는데 이런 변화는 모두 신자들의 솔직히 경험한 것들이다.

이런 변화는 사람의 잠시 변화가 아니고, 더더욱 어떤 교육 제도를 통하여 도달한 것은 아니고 성령의 크신 능력으로 근본 죄인이었던 자가 성령의 내주하심을 통하여 죄악을 대항할 힘을 얻어 새로운 피조물이 되는 것이다.

그러면 성령이 어떻게 사람을 변화시키며 어떻게 거듭나게 하시는가는 사람이 명백히 알 수가 없는 일이다.

예수님이 말씀하신 것처럼 "바람이 임의로 불매 네가 그 소리를 들어도 어디서 오며 어디로 가는지 알지 못하나니 성령으로 난 사람은 다 이러하니라"(요 3장 8절).

예수님이 하신 이 말씀은 자연 현상을 통하여 사람이 바람이 어디로 부는지 알 수 있는 것과 같이 성령님이 사람의 마음에 들어갈 때 사람이 중생함을 얻는데 우리는 철저하게 명백히 알 수 없다. 그러나 우리는 그 사람의 변화된 모습을 볼 수 있고 그것이 성령의 역사임을 알 수 있는 것이다. 한 사람이 중생을 경험하게 되면 자연히 생명의 변화를 가져오는 것이다.

한 사람이 회개하고 예수를 믿은 후 그는 바로 예수 그리스도의 생명에 연합되고 그는 예수님과 함께 죄악이 가져오는 형벌을 받아 죽고 예수님과 함께 다시 부활의 생을 영위하게 되는데, 이 부활은 성령의 능력으로 성령으로 말미암아 얻은 생명인 것이다. 주님을 믿기 시작할 때 그는 바로 성령을 받고 그의 마음에 성령님이 내주하시고 수시로 그를 도우시고 힘을 주신다. 그렇지 않으면 사람은 근본적으로 하나님의 마음에 합한 생활을 할 수가 없다.

신약시대과 구약시대의 차이

이것은 구약시대와 신약시대는 기본적으로 차이가 있다. 구약시대에는 하나님의 율법은 몸 밖에 속한 것이었다. 사람이 힘을 다해 율법을 준수하면 의롭다 함을 얻었던 것이다. 그러나 사람의 죄성은 그로 하여금 하나님의 뜻을 준수할 수 없도록 하여 할 수 없이 제사를 드리므로 하나님의 기뻐하심을 입었던 것이다. 신약시대는 그렇지 않다. 하나님께서 일찍이 예레미야와 에스겔을 통하여 사람과 또 다른 새로운 약속을 세워 '그 날 이후 나와 이스라엘 집에 세울 언약은 이러하니 곧 내가 나의 법을 그들의 속에 두며 그 마음에 기록하여 나는 그들의 하나님이 되고 그들은 내 백성이 될 것이라 그들이 다시는 각기 이웃과 형제를 가리켜 이르기를 너는 여호와를 알라 하지 아니하리니 이는 작은자로부터 큰자까지 다 나를 앎이니라 내가 그들의 죄악을 사하고 다시는 그 죄를 기억지 아니하리라' (예레미야 31:33-34).

'또 새 영을 너희 속에 두고 새 마음을 너희에게 주되 너희 육신에서 굳은 마음을 제하고 부드러운 마음을 줄 것이며 또 내 신을 너희 속에 두어 너희로 내 율례를 행하게 하리니 너희가 내 규례를 지켜 행할찌라' (에스겔 36장 26-27절).

이상의 두 곳의 말씀 속에서 구약 시대와 신약 시대의 다른점 세 가지를 발견할 수 있다.

(1) 신약 시대에는 하나님께서 사람의 죄를 사하시고 다시 기억지 않으신다.

(2) 하나님께서 사람들에게 새 마음을 주어 그 사람의 마음에 성령께서 주재하게 하사 하나님의 율법을 사람의 마음 판에 새겨 두신다.

(3) 신약시대에는 사람이 율법을 준수할 능력이 없는데도 더 기쁨으로 즐거이 준행한다.

가정교회의 교회론

교회는 하나님이 예수 그리스도 안에서 부르심을 입은 사람으로 구성된 모임이다(고전 1:2). 그리스도는 교회의 머리이고 (엡 1:22) 교회는 그리스도의 몸으로 (엡 1:23 5:29) 곧 하나님의 집이며 진리가 그의 기초가 된다(엡 5:26 고전 14:4-5) 교회는 그 지역성과 보편성이 있어서 (고전 5:3-4) 현재 전세계 각 지역의 신앙이 순수한 교회와 역대의 성도로 구성된 교회를 포함하고 있다. 교회의 행정은 마땅히 성경의 원칙대로 운영되어야 하며 영적인 사역은 세상의 권세에 지배되거나 제재를 받아서는 안된다(엡 1:21 골 1:16 2:10 행 5:29). 그러나 법률적인 면에 있어서는 헌법을 준행해야 한다(롬 13:1-4). 교회안의 형제 자매는 서로 지체가 되어 각자 그 직분을 다해야 하고(엡 4:16 골 2:19) 머리되신 그리스도와 연결되어(엡 4:15-16) 사랑 안에서 자신을 세워 간다. 세계 교회는 마땅히 성령 안에서 진리로 하나가 되며(엡 4:13) 그리스도 안에서 하나가 되어야 한다.

교회의 사명은 복음을 전하고(골 1:28 딛 1:3) 진리를 가르치고 신도를 목양하며(벧전 5:2-3) 인재를 양육하고(고전 3:6 야 1:21) 파송하며(행 13:2-3) 이단을 논박하고 정통을 수호하며(갈2:4-5) 진리를 지키는 것이다. 그리스도인이 주의 이름으로 모일 때 사람의 수나 장소의 제한을 받지 않는다(마 18:20). 모든 사람이 다 제사장이며(벧전 2:5-9) 모든 사람은 복음을 땅끝까지 전할 권리와 의무가 있다(행 1:8).

우리는 교회와 정치가 연합되거나 혹은 정치가 교회에 침투하는 것을 반대한다(마 22:21 막 12:17 눅 20:25). 우리는 교회가 국내외의 정치적 세력을 의지하여 발전하는 것을 반대한다. 우리는 교회가 민족 단결과 국가 통일을 파괴하는 모든 활동에 참여하는 것을 반대한다.

교회의 탄생

교회는 도대체 언제부터 시작되었는가?
교회는 처음부터 하나님의 계획 가운데 있었던 것이다.
그래서 우리는 특별히 역사에 주의를 기울여 보아야 한다.
문제는 인류 역사 가운데 얼마나 오래되었는가? 이 문제에는 두가지로 답할 수 있다.

　인류가 범죄한 이후 하나님께서 구주를 보내주시기로 약속하시고 사람이 그 약속을 받아들인 후 교회가 생겨났다고 일반적으로 알고 있다. 다른 하나의 관점은 2000년 이전에 오순절 성령님의 강림하셨을 때 교회가 바로 생겨났다는 것이다.

　이 두가지 관점 가운데 도대체 어느 것이 옳은가?

　이것을 결정하는 방법은 교회가 무엇인지를 먼저 정의를 내림으로 가능하다.

　왜냐하면 교회가 무엇인지를 먼저 이해하면 교회가 오순절 이전에 있었는지 없었는지를 확정할 수 있다. 사도신경에 교회를 가리켜 '성도가 서로 교통하는 것'이라고 했다. 만약 성도와 성도가 서로 교제하는 것이 교회라고 한다면 구약시대에 성도의 교통이 없었는가? 그 답은 구약시대에도 있었다는 것이다. 인류가 타락한 이후 오직 한 분 구주 바로 주 예수 그 분만을 통하여 믿음으로 구원 얻는다는 한 가지 방법 밖에 없다. 이것은 구약시대의 성도나 신약 시대의 성도나 예수님을 믿음으로 구원 얻는 것은 마찬가지이다. 단지 신약 시대에는 역사상 이미 오신 그리스도를 믿는 것이고 구약시대에는 오실 것이라고 예언된 예수를 믿은 것이므로 구약에 예언된 예수님과 신약에 오신 예수님은 동일한 예수님이시다. 그러므로 이사야 다윗 아브라함 아벨 등등 무수한 사람들이 같은 예수님의 지체로 그의 교회라고 말할 수 있다. 우리가 아담과 하와가 당시 여인의 후손이 뱀의 머리를 상하게 하고 뱀의 후손이 여인의 후손의 발꿈치를 상하게 할 것이라는 약속을 믿었다면(창 3:15) 그들 두 사람이 처음 교회의 구성원이 되었다고 말할 수 있다.

교회의 성숙

교회는 결코 생겨 나자마자 성숙한 것은 아니다.

성령님께서 강림하시기 전에 교회는 아직도 성숙하지는 못했다. 그래서 오순절은 교회 역사상 중요한 전환점을 가져오게 되었다. 그래서 신약시대 교회는 구약시대보다 교회의 영광이 더 크다.

구약시대의 성도는 단지 미래에 이루어질 그림자만 보고 만족했으나 신약시대 교회는 완전한 계시의 실체를 얻었다. 하나님의 영광을 발하는 독생자의 영광은 하나의 형상으로 세상 죄를 지고가는 하나님의 어린양이시다(요 1:29). 그 하나님의 아들이 비추어 주는 빛 가운데서 신약교회는 행하는 것이다(히 1:3). 그는 또 오순절에 그의 교회를 향하여 약속을 주시고 진리의 영으로 하여금 그들을 분명한 진리 가운데로 인도하시는 분이시다(요 16:13).

신약시대 교회는 비교적 큰 자유를 누린다. 교회는 일일이 어른의 지도를 받는 더 이상 어린 아이가 아니고 이미 성숙한 단계에 이른 것이다(갈 4:1-7). 이전에 이스라엘 사람들은 제사 예법에 따라 하나님을 섬겼으나 지금은 모두 폐지되었다. 그러나 신약 교회는 여전히 하나님의 도덕율을 지켜야 한다(십계명). 신약 성도가 지키는 십계명은 아주 기쁜 마음으로 지키는 것이다. 왜냐하면 도덕율은 기독신자의 자유의 본질이기 때문이다.

구약 신자로 말할 것 같으면 그들 역시 신자의 자유를 알기는 알았다. 시편의 저자가 '하나님의 계명과 율례는 송이꿀보다 더 달도다'(시 19:10) 라고 발견한 것처럼 말이다. 그러나 신약 교회가 받은 〈성령의 부어주심〉과 같은 것은 이전에 없었던 것이다. 그러므로 신약성도는 구약신대 성도보다 더 큰 자유함을 누리는 것이다. 바울이 말한 대로 주의 영이 있는 곳에는 자유함이 있다(고후 3:17).

신약시대 교회는 본래부터 하나의 가견적 형태의 교회이다. 그러나 이전의 교회는 하나 하나가 모두 아브라함의 가족과 관련되고 이스라엘 나라와 밀접한 것이었다.

오순절 이후에는 비로소 교회는 보이는 조직이 있게 되었다.

신약시대 교회는 보편성을 가진 교회이다. 그러나 구약시대의 교회는 통상적으로 단지 이스라엘에만 국한되었고, 이방인이 교회에 들어오는 것은 굉장히 우연한 일이었다. 예를 들면 모압 여인 룻이 현저한 예증이다. 그러나 오순절 때 성령이 불의 혀 같이 갈라져 각 사람 위에 충만히 임하여 다른 나라 말로 하나님의 큰 일을 말하기 시작했다. 지중해 각 지역으로부터 많은 유대인과 이방인이 와서 회개하고 세례 받아 교회에 가입했다. 그들은 영적으로 일차 큰 풍년의 처음 익은 열매들이다.

교회의 연속

신약시대 교회는 구약시대 교회의 연속이다. 두 시대의 교회는 모두 영광스러운 교회이다. 특별히 주목해 볼만 한 것은 교회가 연속성을 가졌다는 것은 더 큰 영광인 것이다.

사도 바울이 이점을 말할 때 생동감 있게 에베소에 있는 이방 신자들에게 쓰기를 '그 때에 너희는 그리스도 밖에 있었고 이스라엘 나라 밖의 사람이라 약속의 언약들에 대하여는 외인이요 세상에서 소망이 없고 하나님도 없는 자였다' 고 했다(엡 2:12).

그는 계속해서 말하기를 '이제는 전에 멀리 있던 너희가 그리스도 예수 안에서 그리스도의 피로 가까워졌느니라 그는 우리의 화평이신지라 둘로 하나를 만드사 막힌 담을 허시고 원수된 것 곧 의문의 속한 계명의 율법을 자기 육체로 폐하셨으니 이는 이 둘로 자기의 안에서 한 새사람을 지어 화평하게 하시고 또 십자가로 이 둘을 한 몸으로 하나님과 화목하게 하려 하심이라 원수된 것을 십자가로 소멸하시고 또 오셔서 먼데 있는 너희에게 평안을 전하고 가까운데 있는 자들에게 평안을 전하셨으니 이는 저로 말미암아 우리 둘이 한 성령 안에서 아버지께 나아감을 얻게 하려 하심이라 그러므로 이제부터 너희가 외인도 아니요 손도 아니요 오직 성도들과 동일한 시민이요 하나님의 권속이라' (엡 2:14-21절).

교회는 이미 에덴 동산에 존재하여 계속되어 영원까지 이르게 될 것이다.

그리스도의 교회는 계속 되어 가장 영광스러운 단계에까지 이르게 될 것이다. 교회는 인류 역사의 각 시대를 포함하여 영원까지 이르게 될 것이다. 교회는 잠깐 있다가 없어지는 기관이 아니고 하나님의 영원한 계획 가운데 있는 중심(속 알멩이)이다. 교회는 몇 세기 동안의 신자만 포함하는 것이 아니고 각 시대마다 하나님의 선민의 교통이다. 즉 창세 이후 어린 양 생명책에 기록된 셀수 없는 많은 무리들이다. 우리는 성안에 해나 달의 비췸이 필요 없는 새 예루살렘에서 영원히 살게 될 것이다. 왜냐하면 하나님의 영광이 비취고 어린양이 그 성의 등이 되시기 때문이다(계 21:23).

유형의 교회와 무형의 교회

일반적으로 교회는 유형의 교회와 무형의 교회로 나눌 수 있다. 이런 구분은 그 가치가 있을 뿐 아니라 또 유익하다. 그러나 두 개의 교회가 있다고 오해하지는 말아야 한다.

왜냐하면 예수님께서 오직 한 몸 즉 하나의 교회를 가지고 계시기 때문이다. 이 교회는 여러 가지 다른 방면이 있는데 유형의 교회와 무형의 교회로 구분 할 수 있다.

유형 교회의 구성원

유형 교회의 구성원은 모든 교회의 교적부에 등록된 자들을 가리킨다. 그러나 무형교회의 구성원은 도리어 분명히 유형교회의 성도들이다. 왜냐하면 무형교회에 속한 자는 모두 중생하여 거듭난 자들이기 때문이다. 부인할 수 없는 것은 유형교회 교인 중에 중생하지 못한 자가 있다는 사실이다. 그래서 유형교회는 신자와 불신자가 포함되어 있다. 즉 진짜 신자와 명목상의 신자, 알곡과 가라지가 같이 있는 것이다. 신약 교회 12사도의 작은 무리 가운데도 그 안에 예수를 팔 유다가 있었다. 성령을 받은 예루살렘 교회 가운데 아나니야와 삽비라 같은 존재도 있었던 것이다. 그러므로 유형교회 성도라고 다 영생 얻은 자라고 보장할 수 없다. 특히 요즈음 교회에 신자가 되는 조건이 너무나도 가볍고 교회 가운데 치리가 잘 집행되지 않는다. 그래서 구원 얻지 못한자는 어느 곳에서나 모두 그런 것이다.

무형교회의 구성원과 그 영광

다른 한면으로 무형교회는 성령 받아 중생한 자들로 구성된 단체를 가리킨다.

왜 이런 교회가 무형적인가? 그것은 무소부지하신 하나님 이외에는 우리는 누가 중생했는지 안했는지 확인할 수 없기 때문이다. 설령 목사라 할지라도 자기가 중생의 여부를 분별할 수 있다고 생각한다 해도 이런 생각은 독단적인 견해임을 면키 어려운 것이다.

마르틴 루터가 말하기를 "세상에서 내가 예측하기로 어떤 사람이 천당에 가고 어떤 사람은 못 갈 줄 알았는데, 진짜 천당에 가보니 이전에 천당에 올 줄 알았던 사람은 도리어 오지 못했고 천당 못 오지 못할 줄 알았던 자가 도리어 와 있더라"고 했다. 더욱 주의할 말은 가장 놀라운 일은 마르틴 루터 같이 못난 사람들이 모두 천당에 들어왔더라는 이야기이다.

무형교회는 중생하여 구원 얻은 자들로 구성된 사실로 볼 때 그 중에 각 지체들은 이미 흑암의 권세에서 그 아들 예수의 나라로 들어간 자들이다(골로새 1:13). 모든 지체들에게 말하기를 '너희가 전에는 어두움이더니 이제는 주안에서 빛이라 빛의 자녀들처럼 행하라' (엡 5:8)고 했다.

베드로전서 2장 5절에 '너희도 산돌 같이 신령한 집으로 세워지고 예수그리스도로 말미암아 하나님이 기쁘게 받으실 신령한 제사를 드릴 거룩한 제사장이 될찌니라' 고 했다.

'너희 중에 이와같은 자들이(음란, 우상숭배, 도적질, 토색자들) 있더니 우리 주 예수그리스도의 이름과 우리 하나님의 성령 안에서 씻음과 거룩함과 의롭다 하심을 얻었느니라' (고전 6:11) '그는 몸인 교회의 머리라 그가 근본이요 죽은자들 가운데서 먼저 나신 자니 이는 친히 만물의 으뜸이 되려 하심이요' (골 1:18) 비록 우리가 예수님을 의지하여 마귀와 죄악을 이기지만 완전한 단계에는 이르지 못했다 할지라도 그러나 그리스도 안에 있는 자들은 도리어 완전한 자들이다.

가정교회의 종말론

그들의 내부 자료에 나타난 종말론은 아래와 같다.

우리는 예수 그리스도가 다시 오실 것과(요 14:3) 구원 받은 사람의 몸이 부활하는 것을 믿는다(고전 15:35-54 6:14 롬 8:11). 주 예수 그리스도가 재림하는 날은 하나님 이외에는 아무도 알지 못한다. (마 24:36 막 13:32) 그리스도가 재림하는 날에는 큰 권능과 영광으로 모든 천사가 하늘에서 구름을 타고 함께 임하신다(막 13:26 눅 21: 27). 천사가 나팔 소리를 내면(고전 15:52) 주 안에서 잠자던 자들이 먼저 부활하고 구원받은 그리스도인의 살아 있는 몸은 변화되어 공중으로 들려 올라가 주님을 만나며(살전 4:17) 영광의 몸의 형체를 얻게 된다(빌 3:21).

대다수가 전천년주의자이다.

성도는 그리스도와 더불어 함께 천년동안 왕노릇하며(계 20:4-6) 이 천년동안 사단은 무저갱으로 떨어질 것이다(계 20:2). 이 천년이 끝나면 사단은 잠시 해방되어(계 20:7-10) 열국을 미혹하다가 때가 되면 유황불에 떨어질 것이다. 그런 후에 그리스도가 보좌에 앉아서 만국 만백성을 심판할 것인데(계 20:11) 모든 사람이 사망에서 부활하여(계 20:12-13) 심판대 앞에 서서 심판을 받을 것이다. 무릇 생명책에 이름이 기록되지 않은 사람은(계 20:15) 불못에 빠지고 천지가 화염에 쌓이며 사망과 음부 역시 불못에 떨어지게 될 것이다(계 20:14).

생명책에 이름이 기록된 사람은 장차 새 예루살렘에 들어가 영원히 하나님과 함께 살 것이다(계 21:1-4). 신도는 그리스도의 재림을 기다리는 동안 마땅히 주의 일을 힘써야 하며(고전 15:58), 생명의 말씀을 전하고 세상에서 주를 위하여 빛을 발하며 말과 행실과 믿음과 사랑과 정결의 풍성한 열매를 맺어야 한다(딤전 4:12). 무릇 이렇게 행하는 자는 각종 상급을 받을 것이다(엡 6:8).

휴거가 재앙 전이나 재앙 중 또는 재앙 후에 이루어진다는 해석에 대하여 우리는 각 교파가 다른 관점을 갖고 있음 인정하며 이것에 대해 절대화하지 않는다. 그리스도인의 본분은 깨어서 예비하며 주의 재림을 맞이하는 것이다(마 24: 42 막 13: 35, 37 살전 4:7).

가정 교회의 정부와 종교 정책에 대한 태도

가정 교회 성도들은 주님을 사랑하고 인민을 사랑하며 교회를 사랑하고 국가를 사랑하며, 국가의 통일과 민족 단결을 수호한다(벧전 1:22). 동시에 중화인민공화국의 헌법과 하나님께서 중국에 세우신 지도자와 인민정부를 수호한다(로마서 13장 1-6 디도서 3:1 벧전 2:13-17).

이들은 비록 늘 정부의 오해와 핍박을 받고 있지만 어떠한 반정부적인 태도나 행동을 하지 않았다(행 16:25-35). 이들은 민족적 이익을 매도하지 않았으며 인민에게 유익한 일만 한다(살전 4:11-12).

그러면 왜 가정 교회는 등록을 하지 않는가?

먼저 정부의 종교 법규나 등록 조례의 요구는 성경의 원칙과 서로 저촉된다. 삼자정책에 따르면 지정한 장소에서 지정한 사람이 지정한 구역에서 활동하게 되어 있다(3정 정책).

먼저 지정한 장소란 등록된 활동 장소에서만 종교 활동을 진행하도록 허락하며, 그렇지 않을 때는 불법종교 활동으로 규정한다. 그러나 성경에서는 우리가 어디에 있든지 주님의 이름으로 모이면서 주님이 우리와 함께 하신다고 가르치고 있기 때문이다(마 18:20).

다음으로 지정된 사람이란 종교 사무국에서 설교 증서를 발급받은 사람만이 설교를 할 수 있게 허락하고 있다. 그러나 성경의 교훈은 사역자들이 주님의 소명을 받고 교회로부터 인정과 파송을 받으면 사역할 수 있기 때문이다(행 13:1-4 롬 10:12-15).

마지막으로 지정한 구역이란 교역자가 자신의 업무 지역 내에서만 사역할 수 있으며 촌을 넘거나 성을 넘어갈 수 없게 되어 있는데, 성경은 우리에게 가르치기를 온 천하에 다니며 복음을 전파하고 교회를 세우라고 가르치기 때문이다(마 28:19-20 행 1:8).

또 정부의 종교 정책은 18세 이하의 사람에게 복음을 전하고 그들을 인도하여 믿게 하고 또 세례를 주는 것을 허락하지 않고 있다. 그러나 주 예수께서는 어린아이들 용납하고 내게 오는 것을 금하지 말라고 하셨다. 따라서 마땅히 18세 이하의 사람도 복음을 듣고 믿을 기회를 주어야 한다(마 19:14 막 9:37).

정부의 종교 정책은 신자들이 환자를 위해 기도하고 병을 고치며 귀신을 쫓는 일을 허락하지 않고 있다. 그러나 예수께서는 환자를 위해 기도하고 병을 고치며 귀신을 쫓는 일을 하셨고 우리들에게 환자를 위해 기도하고 병을 고치며 귀신을 쫓는 권세를 주셨다(마 16:17 눅 10:17-19).

정부의 종교 정책은 가정 교회로 그리스도 안에서 나그네를 대접하지 못하게 되어 있다. 그러나 성경은 장로에게 나그네를 대접할 것을 요구하고 있다(딤전 3:2 요한 3서 1:5-8). 또 가정 교회와 해외 교회와 교류를 허락하지 않고 있다. 그러나 성경은 교회가 우주적이며 주 안에서 유대인이나 헬라인이나 중국인이이나 외국인을 나누지 않고 있기 때문이다. 즉 그리스도께서 세상 만국 속에서 자기 피로 그의 백성들을 구속하셨기 때문에 신자들은 마땅히 서로 사랑하고 서로 교통해야 한다(롬 10:12 갈 3:27-28).

세상과 대립하는 교회

세상과 교회는 완전히 다르다. 세상에 사람들은 하나님을 멀리 떠나서 하나님을 믿지 않고 교회를 대적하는 자들이다. 더 말할 필요 없이 교회와 세상의 충돌이 격렬할 수록 교회가 얻는 영광은 더 커지는 것이다. 만약 한 장의 백지와 또 한 장의 검은 종이를 비교할 때 백지는 더 희게 보일 것이다. 그러므로 교회의 거룩과 아름다움은 세상의 더러움과 부패와 비교할 때 교회의 거룩성은 더 드러나게 되는 것이다.

실제적인 대립

교회는 항상 공격을 받는데 그 원인은 세상과 밀접해 있으면서 대립관계에 있기 때문이다. 그래서 교회는 항상 세속화의 도전 가운데 있으며 세속화가 될 때가 많다. 교회는 반드시 세상의 죄를 따라가는 것을 꾸짖어야 하며, 세상에 동화되지 않도록 일깨워 주어야 한다.

당연히 교회가 세상을 대항하는 것은 힘을 다해 해야 할 본분인데 세월이 가면서 잊어버리는 것이다. 오직 교회가 세상에 존재하는 한 세상과 적이 되고 세상을 대립하는 것은 늘 해야 될 일인 것이다. 교회가 비록 세상으로부터 박해를 받으나 세상은 절대로 교회를 삼키지 못할 것이며 교회 역시 같이 어울려 더러워지지 않을 것이다. 교회와 세상이 대립되는 것은 자기를 보호하기 위함일 뿐 아니라 교회의 본질이 그러하기 때문이다. 만약 교회가 세상과 적이 되지 않으면 그 때 그 교회는 더 이상 교회가 아닌 것이다. 이런 상황은 몇몇 세상과 손 잡은 교회에 발생하는 일인데, 참 교회라면 세상과 타협하지 않을 것이며 절대로 세상과 손 잡는 일은 없을 것이다. 왜냐하면 하나님께서 교회를 세상과 대적이 되는 위치에 두시고 교회를 보호하시기로 약속하시고 교회로 하여금 세상과 분리되어 나오게 하셨기 때문에, 반드시 교회를 보호하실 것이다.

교회 역사를 거슬러 올라가 보면 에덴 동산까지 거슬러 갈 수 있다. 사람이 범죄하자 하나님께서 인류의 구주를 약속하시고 아담과 하와는 이 약속을 믿고 당시에 그들은 바로 예수 그리스도의 몸에 최초의 지체가 되었던 것이다. 굉장히 재미있는 사실은 그 때 하나님께서 교회를 세우시고 세상과 대적이 되게 하신 것이다. 하나님께서 뱀에게 이르시되 "내가 너로 여자와 원수가 되게 하고 너의 후손도 여인의 후손과 원수가 되게 하리니 여자의 후손은 네 머리를 상하게 할 것이요, 너는 그의 발꿈치를 상하게 할 것이니라"(창 3:15)고 하셨다.

뱀의 후손이 바로 세상이요, 여인의 후손이 바로 교회인 것이다. 반드시 주의 해야 할 것은 하나님께서 그들에게 원수가 되라고 분부하지 않으시고 그들의 뜻에 따라 다시 이 말씀을 순종할 수도 안 할 수도 있었던 것이 아니고, 하나님께서 친히 그들로 하여금 피차 원수되게 하신 것이다. 그래서 이런 피차 원수된 상태가 이미 존재하게 되었던 것이다.

세상과 교회는 하나님의 명령에 따라 적대관계가 수립되었던 것이다. 옛날부터 이 대적 관계가 계속되어 온 것이며 이것은 바로 하나님의 불변하신 뜻이었다.

사도 바울이 에베소교회 성도들에게 말하기를 '너희가 전에는 어두움이더니 이제는 주 안에서 빛이라 빛의 자녀들처럼 행하라'(엡5:8)고 했다. 세상과 교회는 하나는 어두움이고 다른 하나는 빛이기에 피차 직접 충돌하는 것이다. 또 하나 주의해야 할 것은 바울이 에베소교회 성도들에게 결코 어두움 가운데 거하지 말라고 하지 않고 빛 가운데 거하라고 했다. 만약 그렇게 말한다면 사실 어울리지 않는 말이다. 왜냐하면 이미 그들은 흑암에서 나와 빛 가운데로 옮겨졌기 때문이다. 어떤 때는 성도들이 자기가 세상의 빛이 되는 삶을 살지 못할 때도 있다. 그래서 사도 바울은 그들을 권면하기를 〈빛의 자녀들처럼 행하라〉고 했던 것이다. 그러나 이런 권면은 이미 빛의 자녀가 된 자들에게 손해가 되는 말이 아니다. 사실 이런 분부와 권면은 현실적인 사실에 근거한 말인 것이다.

교회와 세상간의 이런 적대 관계는 반박할 수 없는 것으로 이 점이 바로 교회의 영광인 것이다. 교회와 세상은 적이다. 이것은 피할 수 없는 사실이다. 교회와 거룩하지 못한 세상과는 피차 대항해야 되는 것이다. 즉 이것은 반박할 수 없는 것으로 다시 말하면 교회는 지극히 거룩하기 때문인 것이다.

절대적인 대립

마찬가지로 죽은자는 생명이 없는 것이다. 세상에 사람들은 모두 허물과 죄로 죽은자들이다(엡 2:1). 그리고 교회에 속한 사람들은 모두 영적으로 중생하여 영적으로 산자들이다. 그러므로 교회와 세상은 실제로 대립되는 것은 절대적인 것이다. 그러므로 사람이 죽지 않았다면 살아 있는 자인 것이다.

이 말은 결코 기독교인은 죄가 없다는 말이 아니고 바로 신앙이 제일 좋다는 성도도 역시 목표에 다다르려면 아주 멀었다. 사도 바울 같은 성도도 말하기를 '형제들아 나는 아직 내가 잡은 줄로 여기지 아니하고……푯대를 향하여 그리스도 예수 안에서 하나님이 위에서 부르신 부름의 상을 위하여 좇아가노라'(빌 3:14)고 말했다. 주의 형제 야고보도 말하기를 '우리가 다 실수가 많으니'(약 3:2)라고 했다. 그럼에도 불구하고 하나님께서 신자들에게 새 생명을 주시고 그 안에서 있는 자는 죄에 대하여 죽고 하나님을 향하여는 살아있게 하시었다(롬 6:11). 만약 신자가 범죄했다면 그것은 자신이 원치 않던 것이며, 심지어 신자가 매우 미워하던 것으로 그가 '이제는 이것을 행하는 자가 내가 아니요, 내 속에 거하는 죄니라'고 감히 말하는 것이다(롬 7:17). 간단히 말하면 그의 범죄와 중생하지 않는 자의 범죄는 근본적으로 다르다는 것이다.

이 말은 세상사람들은 사람이 아니라는 말이 아니다.
섹스피어의 베니스 상인에 샤일록이 기독신자와 말하는 중 "유대인도 역시 사람"이라고 변호하면서 그가 말하기를 "유대인이라고 손이 없나, 눈이 없나, 감정, 의식이 없나? 다 있듯이 기독교인도 하루 세기 밥 먹고 병 걸리고 또 치료 받지 않는가? 겨울이면 추위를 느끼고 여름이면 덥다고 느끼지 않는가? 칼로 찌르면 똑같이 피 나고 간지럽히면 웃지 않는가?"라고 한 장면이 나온다.

이런 의미에서 불신자도 똑 같은 사람이다. 그 안에 최초에 창조 될 때 받은 하나님의 형상의 잔여가 있다. 그래서 이성이 있고 도덕도 있는 것이다. 그러나 중생하지의 도덕 개념은 단지 선과 악을 구별해내는 지식일 뿐이고, 몇몇은 덕행과 외적인 선행일 뿐이다. 그러나 그들은 그것을 선하게 사용할 줄 몰라서 각 방면에서 완전히 더럽고 불의한 것으로 바꾸어 버리고 만다. 다른 한 면으로 예수 안에 있는 자의 하나님의 형상은 원칙상 이미 하나님의 진정한 지식, 사랑, 그리고 거룩을 회복하여 영광의 단계에 이르게 된 것이다. 신자의 하나님의 형상과 불신자의 하나님의 형상 사이에는 양적인 차이 뿐 아니라 동시에 질적으로 크게 다른 것이다.

어떤 분은 하나님의 일반 은총은 신자와 불신자 그리고 세상과 교회 간에 대립관계가 절대적이지는 않다고 말한다. 이것은 부인할 수 없이 옳은 말이다. 교회와 세상은 함께 하나님으로부터 은택을 받고 있다. 마태복음 5장 45절 말씀처럼 하나님께서 태양을 악인과 선인에게 비추시고 비도 의인과 불의한 자에게 동시에 내려 주신다. 그러나 성경이 우리에게 말하기를 하나님이 그들에게 좋은 것을 주시는 것은 결코 그들에게 무슨 좋은 점이 있어서가 아니라, 그저 하나님의 보편적인 은혜인 것이다. 그러나 불신자도 어느 정도는 선한 일을 하기도 한다. 예수님이 누가복음 6장 33절에 "너희가 만일 선대하는 자를 선대하면 칭찬 받을 것이 무엇이뇨? 죄인들도 이렇게 하느니라"고 하시었다.

그러나 하나님께서 모종의 축복을 불의한 자들에게 주시는데 그 동기는 의인들에게 주시는 축복과 같은가 같지 않은가?

의심할 수 없는 것은 하나님께서 선택 받지 않은 자들에게도 자연계의 축복을 그들에게 내려 주신다. 그는 불의한 자에게도 확실히 사랑을 가지시고 계시지만 예수 안에서 그의 자녀된 자녀를 사랑하는 것과는 다르다. 그리고 중생한 자만이 비로소 영적으로 선한 일을 할 수 있고 착한 일을 행하는 것이다. 중생한 자가 행하는 선한 행위는 하나님의 영광을 인하여 하지만 중생하지 못한 자가 행하는 일체의 일은 하나님과는 아무 상관이 없는 것들이다. 게다가 중생한 자는 일반 은총을 바르게 활용함으로 미중생자와는 근본적으로 다른 것이다. 원칙적으로 기독교인은 의식주 모두가 하나님의 영광을 위한 것으로 세상에 속한 자와는 정반대의 삶인 것이다. 불신자는 하는 일들이 하나님의 영광과는 아무 상관 없는 일에 분주할 뿐이다. 일반 은총은 하나님께서 전 인류에게 내리시지만 일반 은총 속에 구원의 은혜는 없다. 꼭 잊지 말아야 할 것은 구원의 은혜는 오직 그리스도 예수 안에만 있다는 사실이다.

믿는 자와 안믿는 자를 완전히 분리하는 것은 불가능한 일이다. 단지 역사의 마지막을 기다려야 한다. 비록 두 방면에서 동기가 다르다 해도 마땅히 가치가 있는 일에는 서로 협조해야 한다.

주권과 은혜를 가지고 계신 하나님께서 쉬지 않으시고 사람들의 돌 같은 마음을 부드러운 마음으로 바꾸시며 사람을 마귀의 나라에서 하나님의 사랑하는 아들의 나라로 대 심판이 임할 때까지 옮기시고 계신다. 그러나 중생자와 미중생자의 대립은 여전히 존재하는데 원칙상에서도 그러하고 본질상에서도 그러한 것이다. 교회와 세상의 대립의 절대성은 부인할 수 없는 것이다. 어떤 분은 교회와 세상은 본래 같은 길을 달려 가다가 후에 비로소 갈라진다고 생각한다. 이런 생각은 잘못된 것이다. 교회와 세상은 시종 다른 것으로 이점이 교회의 영광스러운 면모인 것이다. 교회와 세상의 구별은 굉장히 커서 뭐라고 비유할 방법이 없는 것으로 교회의 영광은 모든 것을 초월하는 것이다.

적극적인 대립

모종의 상대적인 관계 가운데 대립적인 상황이 있을 수 있다. 그러나 이런 대립관계는 적극적 대립관계라고는 할 수 없는 것이다. 누가 감히 흑과 백이 서로 대립관계임을 부정할 수 있겠는가? 예를 들면 검은 방과 흰색 방이 있다고 하자 그러면 이 두 방은 굉장히 강하게 대비가 될 것이다. 그러나 양자간에 서로 상관하지 않고 병립하는 것이 〈절대적 대립〉인 것이다.

만약 불이 났다고 해 보자. 그래서 물을 가져와 불을 껐다면 여기에서 또 볼 수 있는 일종의 대립관계는 〈절대적이고 적극적인 대립 관계〉인 것이다. 불과 물은 서로 용납할 수 없는 것으로 불은 태우려고 하고 물은 타는 것을 막는 일을 하는 것이다. 이 둘은 피차 상극으로 물은 불을, 불은 물을 증발시켜 서로 소멸해 버리려고 하는 것이다. 교회와 세상도 역시 그러하다. 이 둘 사이의 대립은 절대적이고 적극적인 대립인 것이다.

세상이 교회를 적극적으로 반대해왔음을 역사가 증명해 주고 있다. 하나님께서 여인의 후손과 뱀의 후손이 원수가 되게 하셨을 때 바로 적대시하는 것이 나타났던 것이다. 가인이 아벨을 죽였다. 왜냐하면 그 동생의 행위가 자기보다 선했고, 자기 행위는 악했기 때문이었다(요한 1서 3장 12). 증오감 때문에 이방 애굽인들이 하나님의 백성을 핍박했으며 그래서 이스라엘 백성이 팔레스틴으로 돌아 올 때 그 노정에 있던 부근 민족들이 이스라엘과 전쟁을 했던 것이다. 세상은 여인의 후손을 증오하는 데 예수님이 십자가에 달리실 때가 절정이었다. 그러나 그 증오가 그 때 사라졌다고 생각하지 말아야 한다. 그리스도를 따르는 모든 사람은 주님이 요한복음 15장 20절에 하신 말씀을 경험했을 것이다 "사람들이 나를 핍박하였은 즉 너희도 핍박 할 터이요" 그리고 "너희가 세상에 속하였으면 세상이 자기의 것을 사랑할 터이나 너희는 세상에 속한자가 아니요 도리어 세상에서 나의 택함을 입은 자인고로 세상이 너희를 미워하느니라"(요 15:19)고 하셨다.

    교회는 필히 적극적으로 세상을 대항해야 한다. 당연히 하나님의 백성은 세상 사람과 달라야 하고 기독교를 미워하듯이 세상을 미워해야하는 것이다. 그러므로 그들이 열심히 하는 일은 하나님으로부터 멀리 떠나는 일만 일삼고 하나님의 나라가 임하기를 원하는 자를 대적하는 것이다. 그래서 순교당하는 신자가(스데반) 마지막으로 기도하기를 '주여 저들의 죄를 저들에게 돌리지 마옵소서' (행 7:60)라고 했다. 그러나 이것이 전부는 아니다. 또 다른 측면으로 예수님이 자신의 죽으심을 통하여 세상을 구원하실 뿐 아니라 세상을 정복하시었다는 점이다. 교회는 용감히 세상의 죄악과 싸우고 힘을 다해 흑암의 세력을 반대하며 악을 행하는 자를 대적해야 하는 것이다. 이것은 표면적으로 볼 때 모순 같지만 신자는 반드시 모든 사람을 사랑해야 한다. 그러나 이것이 진리의 전부는 아닌 것이다. 어떤 분은 "기독교인은 불신자의 죄는 미워하면서 그러나 그 죄인은 사랑한다"고 말한다. 이 말이 맞기는 맞으나 다 그런 것은 아니다.

모든 사람을 사랑하시는 하나님께서 말씀하시기를 〈내가 에서는 미워하였다〉(롬9:13)고 하시었다. 하나님의 자녀들도 이와 같이 불신자를 사랑하고, 또 미워하는 것이다. 하나님의 자녀는 불경건하고 불의한 자를 마치 그들의 동포나 이웃을 사랑하듯 사랑한다. 그리고 그들을 미워한다. 왜냐하면 그들이 하나님께 속한 것을 미워하는 자이기 때문이다. 그러므로 시편 기자가 말하기를 '여호와여 내가 주를 미워하는 자를 미워하지 아니하오며 주를 치러 일어나는 자들을 한하지 아니하나이까? 내가 저희를 심히 미워하니 저희는 나의 원수니이다'(시 139:21, 22)고 했다. 의심할 수 없는 사실은 바울이 갈라디아 교회에 편지를 쓸 때 이런 것을 강조하면서 '만일 누구든지 너희의 받은 것 외에 다른 복음을 전하면 저주를 받을 지어다'(갈 1:9)라고 했던 것이다. 또 완전히 의롭게 된 영혼들이 제단 아래 엎드려 소리지르기를 '거룩하고 참되신 대주재여 땅에 거하는 자들을 심판하여 우리 피를 신원하여 주지 아니하시기를 어느때까지 하시려나이까?'(계 6:10)라고 했다. 천국에 있는 사람들 역시 큰 소리로 찬송하여 이르기를 "할렐루야 구원과 영광과 능력이 우리 하나님께 있도다. 그이 심판은 참되시고 의로운지라 음행으로 땅을 더럽게 한 큰 음녀를 심판하사 자기 종들의 피를 그의 손에 갚으셨도다"라고 하는 것이다.

신자는 하나님께 속한 것을 사랑하므로 그들 역시 그의 동포를 사랑한다. 마찬가지로 예외 없이 하나님의 원수를 미워하지 않을 수 없는 것이다. 이것이 성경이 말하는 원칙인 것이다. 교회와 세상은 이렇게 절대적 대립 관계가 되므로 교회의 영광을 표현하는 것이다. 만약 교회가 하나님을 사랑하지 않는다면 세상은 그렇게 사납게 교회를 핍박하지 않을 것이고, 교회 역시 세상을 심하게 대항하지는 않을 것이다. 이런 대립적인 적극성은 교회가 하나님을 사랑하는 직접적이고 필연적인 결과이다.

가정교회의 장단점

장점들

먼저 가정교회는 극심한 시련 속에서 정화된 역사를 가지고 있다.

헌신되지 않고 반신반의하던 자들은 모두 시련을 견디지 못하고 떨어져 나갔다. 〈남은 자들은〉가정을 중심으로 자리를 잡아갔다. 모임은 그 교회를 위해 책임을 감수하려는 가장이 있는 가정에서 열린다.

비제도적인 교회이므로 유동성이 있다.

고정적으로 예배시간이 정해질 수 없는 상황에서 지역의 특수성에 따라 예배할 수 있다.

기도나 찬송 역시 20-30명이 기도를 돌아가면서 하거나 찬송도 수십장을 부른 뒤에 말씀의 시간을 가질 수 있는 교회이다. 그래서 종종 예배 시간이 불규칙적이기도 하다.

교회 건물이나 서양식 관행 그리고 오래된 종파적 색깔을 과감히 탈피할 수 있었다.

예배 중에 간증이 활발하게 발전되었다.

대부분의 제도적 교회는 한 시간 예배에 피동적으로 예배를 보고간다. 그러나 가정교회는 예배에 참예하고 간다. 왜냐하면 간증 시간에 각자가 한 주간 받은 은혜를 나누기 때문이다.

성령에 민감한 예배이다.

고난과 어려움 속의 신자는 영적으로 사모하며 갈급한 심령으로 하나님께 나아온다.

그러므로 성령에 민감한 예배를 드리게 되고 죄를 회개함과 병 고침 그리고 하나님의 은혜를 사모하여 말씀을 갈급해 한다.

교회는 그야말로 예수님의 대 가족과 같다.

마치 예배가 우리 한국의 구역예배와 같다. 서로를 알고 서로의 교제가 활발하므로 대가족 개념으로 서로 아끼고 사랑하며 주 안에서 연락한다. 가정 같은 교회, 교회 같은 가정의 이상적 모델이라 할 수 있다. 또 토착화 되어가는 교회의 모습을 볼 수 있다.

지도자의 부재, 자료의 부재로 신학공부하지 않은 사역자가 설교하고 작사 작곡한 찬송을 부르고 자기들이 서로 세례와 성찬을 거행하는 과정에서 이미 〈평신도 중심〉의 가정교회가 토착화 되었다.

단점들

지상의 교회는 다 완전하지 않다.

어디든 알곡과 가라지가 공존한다. 그리고 가정교회의 특수한 상황속에 신학의 부재와 주일학교의 부재 그리고 준비된 사역자의 부재로 말미암아 여러 가지 문제들이 속출되고 있다.

먼저 지도자의 영적 자부심과 교만을 십자가 앞에 내려 놓아야 한다.

어느 곳이든 지도자는 리더십을 가져야 하지만 목사나 장로라는 호칭도 없는 유연한 가정교회이지만, 내부적으로 그 지도자는 한국의 당회장 이상의 권위를 가질 위험이 있다.

그가 늘 겸손할 수 있으면 좋으련만 인간인지라 교만하면서도 교만인줄 모르고 교회를 다스리는 지도자가 있다. 그러나 그가 도덕적으로, 교리적으로, 문제가 생겨도 노회나 시찰회 그리고 총회가 없으므로 지도할 방법이 없다. 이것이 비제도적 교회의 장점이자 약점이다.

성도들의 바리새파적 의식도 단점일 수 있다.

삼자 교회를 비판하고 우리만이 참 예수님의 제자요 진리의 파수군이라는 의식이 팽배하여 실상은 생활과 삶에 변화가 없이 바리새파적 우월감에 빠질 위험이 있다.

자기들만이 가장 잘 믿고 정통이란 생각과 자기 교회의 예전이 표준이라는 편협한 생각도 하나의 문제이다.

목회자가 없이, 핍박 가운데 교회를 다니던 시절과는 달리 개혁 개방 이후 도시의 교회나 변방의 경우는 상당한 신앙의 자유를 누리게 되면서 가정교회의 신자들의 삶의 열매가 별로 보이지 않고 형식주의로 흐르는 모습을 보게된다.

가정교회 선배들이 고난 받았지 지금의 성도는 고난을 경험하지 못한자가 많다.

동시에 개혁 개방 이후 물질주의가 가정교회 안에도 들어와 복과 평안이 곧 진리인 것처럼, 기복주의로 신앙을 가지는 입신 동기도 종종 보인다.

㉗ 가정교회의 과제

1) 현대판 바리새주의, 아집과 교만

어느 교회든지 주님 오시는 그날까지 겸손히 날마다 개혁해 가는 교회가 되어야 한다.

이 말은 교회가 세상 가운데 있기 때문에 세속화할 가능성이 있다는 말이다.

가정교회는 마치 자기들만이 가장 잘 믿는 신앙인인양 교만할 위험이 많이 있다.

동시에 어느 한 지도자에 국한된 지도를 받을 경우, 또 은밀히 폐쇄된 단독 교회일 경우 이 문제가 더 심각할 수 있다. 그러므로 가정교회는 자기들만이 잘 믿고, 소위 알곡이며 나머지는 다 틀린것이란 교만과 흑백 논리를 가진 집단이 있다면 위험하기 짝이 없음을 알아야 할 것이다. 지상의 교회는 숫자가 적든 많든 큰 교회가 가진 모든 문제를 다 가지고 있으며 초대 고린도교회가 가진 문제를 가정교회 안에서도 비일비재하게 보고 있다(분당과 은사의 오해 그리고 음란 등).

2) 시대의 낙오, 문화에 대한 소극적 자세, 폐쇄적 태도

가정교회는 왕명도 니투어성 송상절 세분의 영향을 크게 받았다.

긴 기간동안의 눌림과 핍박 가운데서 결국 그들의 세계관이 〈약간은 도피적, 염세적〉인 경향성이 있다. 앞에서도 말했지만 같은 현상은 일제하의 한국 교회와 비슷하다.

그래서 '내일 일은 난 몰라'를 즐겨 부르기도 한다.

그러나 가정교회가 내일의 천국을 소망함과 여기, 오늘이라는 기간에 세상에 소금됨과 빛되는 적극적 침투에 대해서도 관심을 가져야 할 것이다. 그렇지 않으면 한 세대가 지나고나면 크리스천의 세상에 대한 영향력이 미미해질 위험이 다분하다.

3) 차 세대 교육의 부재

지도자 만큼 교회는 성장한다.

그런데 가정교회 지도자들의 평균 학력이 낮은데다 계속 교육 받을 기회가 적은 형편이다.

그래서 설교에 내용이 빈약하거나 논리성이 희박한 소위 영해 위주의 설교가 결국은 가정교회에는 젊은이가 없는 교회, 지성인이 적은 교회로 약해 질 수밖에 없을 것이다.

물론 도시에 젊은층 중심교회가 없는 것은 아니다. 여기서 말하는 것은 절대 다수가 그런 실정이다.

동시에 체계적인 교육이 없는 가정교회 형편이다.

소위 새신자 교육, 세례교육, 결혼전 교육, 주교교육이 부족하다.

심지어 세례를 받는데 세례의 의미, 세례교인의 의무도 한번 가르치지 않고 세례를 주는 것을 보았다.

4) 성도가 서로 교통함(고여 있는 물은 썩는다)과 세상을 향한 열린 구조

'성도의 교통이 있는 곳이 교회다' 이 말은 맞는 말이다.

그러나 모여서 교통하는 목적이 무엇인가? 그것은 세상을 향해 나아가 복음을 증거하고 선포함으로 하나님의 나라가 이땅에 이루어지는 것이 아닌가?

  그러나 가정교회는 성도끼리는 교통이 활발하지만 세상을 향한 복음증거는 빈약하다.

  물론 사회주의 하에서 독특한 상황임을 인정하지만, 교회의 머리가 주님이심을 고백한다면 그 말씀-그분의 지상 명령을 받들어 적극적으로 전도하는 교회가 되어야 할 것이다.

  2003년 북경의 어느 가정교회가 서너개 교회 연합으로 큰 빌딩을 빌려 성탄행사를 가졌다. 삼사백명이 모여서 축하 예배를 드리는데 새신자는 열명 가량이었다.

  성탄절이 전도에 얼마나 좋은 기회인가? 모든 사람들이 평안의 밤(핑안 이에)으로 알고 교회의 행사에 참가하고 싶어하는 분위기임을 생각하면 좀더 전략적으로 불신자를 초청하고 전도하는 행사로 탈바꿈해야하지 않을까 싶다.

5) 워치만 니의 틀을 넘어서는 교회

  앞에서 삼분설을 다루면서 지적했지만 가정교회는 삼분설을 아주 중요하게 생각한다.

  이 견해가 다르면 용납하려고 하지 않는 경향을 농후하다.

  이유는 워치만 니가 삼분설을 강조했기 때문에 가정교회는 그 영향을 강하게 받아왔다.

  삼분설은 그렇게 분석할 수는 있어도 몸 혼 영을 분리해서는 위험하다는 사실을 가정교회에 가르쳐야 할 것이다. 사람을 전인적으로, 전체적으로 접근하는 인간론이 필요하다.

그렇지 않으면 다시 영은 선하고 육과 세상은 더러운 고대의 영지주의자와 같은 오류를 범하게 될 것이고, 모든 영역에서 하나님의 영광 추구와 하나님 나라가 임재함을 실현해 나갈 수 없는 편협된 세계관을 형성할 위험이 있다.

6) 문제에 해답을 위해 고민하는 교회(컨텍스트의 이해)

가정교회는 텍스트인 성경에도 연구와 훈련이 약하고 컨텍스트인 세상에 대한 이해도 약하다. 세상을 지도해 나가는 교회가 되지 못하면 세상에 끌려 가는 교회가 되고 말 것이다.

세상이 현대화로 급속히 하루가 다르게 변하고 있고 차세대 젊은이들의 의식구조가 빠르게 변하고 있는데, 1960년대 사고 방식으로 목회를 한다면 문제이다.

특히 현재 중국 교회 지도자 40~50대 연령층은 문화 혁명을 거친 세대요, 그 당시 홍위병을 거친 상처 받은 세대이다. 동시에 홍위병으로 활약하느라 교육을 제대로 받지못해 머리가 비어 있는 지도자가 많다. 그러나 이미 지도자가 되어 버려 권위만 남아 있다면 그 집단의 미래는 불을 보듯 뻔하다. 이제 가정교회 지도자들은 한 손에 성경을 한 손에는 신문과 기타 서적을 들고 읽고 연구하고 준비해야 할 것이다.

7) 헌금과 헌신의 훈련

헌금 생활은 하나님께 자신을 헌신하는 외적 표현이다.
동시에 하나님께 감사함의 결과인 것이다. 그러므로 자원하여 드리는 것이요, 부득이함이나 억지로 함은 바람직하지 못하다.

(1) 가정 교회에서 돈 이야기는 대단히 민감한 주제이다.

중국인의 몸에는 돈의 피가 흐른다는 말이 있다. 신자나 불신자나 돈 문제는 민감한 주제이다.
중국인은 경제에 대단히 민감한 민족이다. 부부간에도 친구간에도 돈 문제는 때로는 칼날처럼 예민하게 반응한다. 그래서 헌금에 관한 강요나 교육이 잘 되지 못하고 있다.
필자는 고린도전후서를 강해하면서 고린도후서 8장을 강해 할 때 헌금에 대해 가르쳐 주었다. 순서에 따라 그 주일에 가르쳤으므로 다른 오해가 없었다.

(2) 헌금함

가정교회 모통이 헌금함을 두고 있지만 예배 순서 중에는 따로 순서를 가지지 않고 자유로이 헌금한다. 예배후 담당자가 두 세 명의 성도와 헌금을 정리한다.

그러나 헌금액이 적을 뿐 아니라 헌금의 규칙화나 생활화가 되어있지 않으므로 한달에 한번 쯤 헌금함을 정리한다.

(3) 헌금 도난 사건을 통한 헌금 관리 교육

돈이 가는 곳에는 항상 마귀가 유혹할 가능성이 많은 곳이다. 교회 안에도 적지 않게 〈헌금 관리 사고〉가 터진다.

헌금 관리자와 통장을 가진자를 분리해 두었지만 교회안에 한 성도가 훔쳐 가 버린 것이다.

처음 경험한 헌금 사고인지라 교회는 당황할 수밖에 없었다.

그래서 헌금 관리를 잘 할 것과 연말에는 회계 보고를 할 것을 가르쳤다.

(4) 헌금 교육

사역자 자신이 먼저 모범적으로 헌금해야 한다.

헌금 뿐 아니라 헌신을 가르쳐야 한다. 교회 안에 크고 작은 일에 시간과 맘을 바쳐 헌신해야 함을 훈련시켜야 한다. 농촌 지역에서 현금을 만지기 어렵다면 농산품을 주님께 가져와 바치는 훈련도 필요할 것이다. 한국 교회는 초창기에 성미 제도를 통하여 교역자 생활을 책임져 주었던 것이 한국교회 부흥의 한 요소가 되었던 것이 사실이다.

필자의 아내는 매 주일마다 소리 없이 김치를 담아가서 나누어 먹게 함으로 모범을 보이자 다른 성도들도 음식을 가져와 나눠 먹게 되었다.

앞에서 헌금문제를 다르면서 간단히 언급한 바와 같이 헌금 정신이 부족하다.

헌금은 무엇인가? 물질로 표현된 신앙고백이다. 다시말해 '주님 감사합니다'를 말로만이 아니라 마음이 있는 곳에 물질이 따라가야 바른 고백이 되는 것이다. 그러나 가정교회 성도들이 생활이 과부처럼 어려워도 두 렙돈을 드릴 수 있어야 한다. 그래야 가정교회는 자립이 되고 나아가 자양이 될 것이다.

8) 선교하는 교회

교회는 선교하는 교회여야 한다. 이것은 교회의 기본 사명이다. 복음을 받은자는 복음에 빚진자들이다. 그러므로 나아가 모든 족속으로 제자를 삼아야 한다.

감사하게도 가정교회 집단 중에 교단을 형성한 집단 가운데 이미 70여 가정을 서북지역으로 파송한 집단이 있다. 그러나 절대 다수는 〈선교〉라는 의미도 모르고 있다.

중국의 경우에는 다른 나라로 선교사를 파송하기도 해야 하지만 자국 안에 56개 민족이 살고 있음므로 타문화 선교가 국내에서 이뤄질 수 있는 나라다. 동시에 중국안에 미전도종족 입양 역시 900여 종족이 살고 있으므로 그들 지역에 들어가 성경찬송 번역 그리고 개발과 구호 사역 등을 도울 수 있다. 이 몫은 중국교회의 미완의 과제이며 세계 교회의 과제이기도 하다.

이미 하나님께서 보통화를 예수님이나 바울 당시의 코이네 헬라어처럼 통용화 시켜 놓으셨고 서부 대개발로 인해 2007년에는 티벳 수도 라마까지 기차가 건설될 정도로 전국토의 도로가 잘 설치되고 있다. 마치 로마의 도로를 통해 바울이 어디든지 가서 복음을 전할 수 있었듯이 말이다. 뿐만 아니라 도시와 농촌의 비율이 20:80에서 이제는 30:70으로 재빠르게 도시화가 이루어지고 있다. 앞으로 40:60으로 바뀌어 갈 것이다. 그러면 이 도시화는 사람들의 의식구조의 급속한 변화는 물론 또 다른 도시의 빈익빈 부익부 현상으로 도시 선교의 새로운 과제가 부각될 것이다. 이 모든 일들은 교회의 선교적 과제와 사명인 것이다.

이제 가정교회는 이 선교- 소수민족 선교, 도시선교, 번역 선교 등을 적극적으로 감당해야 할 시대가 도래했음을 알아야 할 것이다.

9) 성경 교리의 무관심

비단 중국 가정 교회 뿐만 아니라 모든 현대 교회의 위기는 아래 세가지이다.

첫째 교회의 세속화 둘째는 성경 교리에 부합되지 않는 신앙 셋째는 성경 교리의 무관심이다. 특히 마지막에 말하는 성경 교리의 무관심은 가정 교회 안에서 긴 세월 속에서 무의식 중에 이뤄진 문제점 중에 하나이다.

그저 정상적인 신학교육 받지 못한 지도자들의 입장에서는 교리는 마른 뼈다귀 같은 소리일지 모른다. 중국 가정 교회에서 흔히 듣는 말이 영적인 것, 그리고 생명이란 말과 오직 성경으로 성경을 해석한다는 〈이징지에징〉이란 말이다. 그러나 내부에 깊이 들어가면 교리가 약하다. 그래서 이단이 오면 비판할 논리적인 훈련도 약하다.

동시에 예배시에 주기도문은 암송해도 그렇게도 중요한 사도신경도 고백하지 않는 집단이 대부분이다. 물론 장로교 전통에서 나온 것이지만, 웨스터민스터 신앙고백도 뭔지 잘 모르는 자들이 대다수다. 물론 대도시나 해외의 지도자와 연결된 집단은 점점 교리적 체계를 잡아가고 있기도 하다. 이것은 반세기 동안 해외 교회와 영적 교류가 단절된 이유로 이렇게 된 줄 믿는다. 이제라도 겸손히 역사적 기독교의 한 지체로서 이미 검증된 주요 교리들을 반복해서 배우고 가르치고 보급해야 할 것이다.

10) 중화 사상의 우월감을 통한 토착화

모든 민족이 그러하듯 중국인도 자기 문화 우월감이 강하다.

그러나 이 문화가 죄악된 문화라면 성경의 원칙에 의해 개혁하고 고쳐야 한다. 그리고 우리가 직접 토착화를 시도하지 않아도 종교는 그 민족 문화의 영향과 무관하지 않다. 그러므로 날마다 성경의 기준으로 잘못된 사상과 관습을 고쳐나가야 한다.

그래서 중국 고유의 종교인 도교의 사상과 유교 그리고 미신과 전통 불교의 영향이 크리스천의 마음에 깊이 자리잡고 있음을 겸허히 인정해야 할 것이다.

우리 나라도 마찬가지이듯 음양오행과 풍수지리를 믿는 생활 습관 그리고 비성경적인 가치관들이 그 예가 될 수 있겠다. 필자가 교제해 본 많은 신자들이 12간지 즉 자신의 출생과 연관된 동물의 특성과 자신의 운명이 신비하게 관련되어 있다고 생각하면서 살아가고 있었다.

부 록

중국사와 기독교 연대표

1. 하(주전 2205-1766) 선사시대, 신석기 시대, 신화적인 왕들
2. 상(주전 1523-1027) 청동기 시대 상형문자 사용
3. 서주(주전 1027-221) 고대의 황금 시대 철기문명 하늘 숭배
4. 동주(주전771-221) 춘추시대(주전722-주전 481, 전국 시대 주전 403-주전 221) 공·맹자 묵자 노자 장자 순자 한비자 활동
5. 진(주전 221-206) 중국 통일 만리장성 축조 분서 갱유 진시황
6. 한(주전 206-주후220) 유교 종이 화약 나침반 해외 교역 도교시작 불교 유입
7. 삼국남북조 시대(주후 220-589) 봉건제도 이민족 친입중국 중남부로 대 이동
8. 수나라 (589-618) 중국 재통일 서안으로의 대운하 건조 만리장성 복원
9. 당나라 (618-907) 제국 영토 확장 불교 번성 서양과 교역
   635년 경교 선교사 알로펜의 황실 선교, 수도원 건축 성경 번역
   781년 경교 기념비가 서안에 세워짐
   845년 불교도와 경교도 박해 받음

900년 당 말기에 경교는 거의 자취를 감춤
10. 5대왕조((907-960) 이민족 침입, 여성 전족제 활자
11. 송나라 (960-1270) 문화의 황금 시대 책인쇄
    1206년 징기스칸이 몽골 통일
    1227년 징기스칸이 진을 무너뜨린후 사망
    1230년 경교 선교사가 케라이트족 사이에서 활동 몽골의 공주들을 개종시킴
12. 원나라 /몽골 (1271-1368) 중국이 몽골에 정복당함
    1271년 경교가 중국에서 부흥 경교 수도사들이 칸의 궁에서 요직 맡음
    1271-1292 마르코 폴로가 중국 방문
    1294년 몬테 콜비노의 요한과 프란체스코 수도사들이 베이징에서 선교 시작
    1335년 교황이 53명의 수사들을 중국에 파송, 3년후 32명이 도착
    1369년 몽골이 망할 때 로마의 마지막 라틴 주교가 순교를 당함
13. 명(1368-1644) 몽골 추방 과거제도 도입 사회적 안정
    1552년 예수회 수도사인 프란시스 사비에르가 일본에서 중국 광주 도착
    1557년 포루투갈인이 마카오에 정착 교역허가 받음
    1574년 예수회 선교사 알렉스 발리냐노가 마카오에 들어옴
    1582년 마태오 리치가 마카오에 들어옴

1601년   마태오 리치가 베이징에서 선교회 설립 후 1610년 사망
14. 청(만주1644-1911) 만주족이 중국을 정복 유교 우세 급속한 인구 증가
1645-1742년 의식 논쟁 예수교의 영향력 쇠퇴
1704년   교황 클레멘트 11세 주상숭배 금지
1717년   선교사 추방
1800년   박해에도 불구하고 가톨릭 신자가 25만명에 이름
1807년   첫 번째 개신교 선교사 로버트 모리슨이 동인도 회사의 직원으로 꽝조우에 들어와 중국어 문법 및 사전 편찬, 성경 번역
1822년-1823년 영국 및 외국 성서공회가 중국 성경의 번역판 찍어냄
1831년-1851년 네델한드 선교회의 구츨라프가 기독교 서적을 해안선을 따라 배포. 그의 책은 서양의 크리스천에게 중국의 필요를 알려줌
1839-1860년 아편전쟁과 불평등 조약
1834-1888년 의료선교사 파커가 광주에서 안과 병원 개설
1850년   미국선교사 마틴이 북경대 학장으로 임명
1851-1864년 청왕조 쇠퇴 태평천국의 난
1853년   허드슨 테일러 중국 도착
1860년   천진 조약으로 선교사들이 거주와 여행 자유 얻음
1865년   중국내지회(China In land Mission) 설립
1867년   반전족 운동이 항주와 저장 여학교에서 시작

1868년 양주 폭동으로 내지회선교사들이 공격 당함

1883년-1885년 중불 전쟁으로 프랑스가 인도차이나 반도 할양 받음

1887년 상해에서 제1차 중국선교사 총회 열림 보수와 자유주의 선교사 분열조짐

1894-1895년 제1차 청일 전쟁 대만이 일본에 양도 됨

1898년 서태후에 의해 백일 유신이 무산됨

1900 북청 사변 3만명의 그리스도인과 235명의 선교사가 죽음

1902년 중국 내지회 제이 버튼이 티벳족 사이에서 선교

1906년 산동성 영적 부흥

1907년 중국 개신교 선교 100주년 선교대회가 상해에서 개최

1908년 내지회의 조지 헌터가 우루무치 정착 활동

15. 중화민국(1911-1949) 민족주의, 현대화, 전쟁과 민란, 경제 침체

1911년 만주 왕조 퇴위 손문이 공화국 설립

1912-1927년 군정 시대 정치적 군사적 갈등

1913년 죤 모트 중국 방문

1919년 5·4학생운동 지식인의 반외세, 반봉건, 반유교 주장

1920년 중국 성서 유니온 조직

1921년 중국 공산당 창당

1922년 전국 기독교 대회 개최, 전국 기독교 협의회(NCC) 설립

1923년 국공합작

1927년 그리스도의 교회가 중국에 설립-11개 노회 120,000
의 세례신도
1927-1939년 만주에서 시작된 부흥이 중국 북부 중앙, 남부
더 나아가 동남아 중국인에게로 번져감
송상절 위치만 니 그리고 왕명도 활동하기 시작
1931-1932년 일본의 만주 점령
1934-1935년 모택동 대장정 시작
1937년 중일전쟁
1941년 일본의 진주만 폭격, 대부분의 선교사 억류 내지 추방
1945년 일본의 항복, 중경에 중국IVF가 세워짐
1946년 선교사들이 돌아와 재활동
1946-1949년 내란, 인플레이션, 사회부패, 선교 활동 금지,
중국 학생들은 중구 주변 지역으로 선교 거점 이동

16. 중화인민공화국(1949-현재)

1949년 정부가 종교단체들에게 새 통일전선정책을 지지할
것을 요구
교회, 학교, 병원, 그리고 사유 토지가 정부 관할로
넘어감
1950년 한국 전쟁 발발
1952년 워치만 니 체포, 선교사 추방
1952년 예수가정파 해체
1954년 산자애국 운동 공식화됨
1955년 왕명도 체포

1956년   소군교회 핍박 받음
1957년   중국 가톨릭교회가 로마교황청과 독립선언
1958년   대약진 운동 개시
1966-1969년 문화 혁명의 격정기
         교회 폐쇄, 종교 지도자 탄압.성경을 비롯한 분서 갱유
1971년   중국 유엔에 복귀 핑퐁 외교
         교회에 대한 강경책과 회유책이 교차되는 시기
         베이징에 하나의 개신교와 하나의 천주교회가 외국
         인을 위해 세워짐
1975년   제4차 전국 인민회의에서 신앙의 자유와 불신앙의
         자유 그리고 무신론을 전파할 수 있는 자유를 보장
         하는 조항이 포함된 헌법이 채택됨
1976년   모택동 사망, 문화혁명 종결 등소평이 부수상으로 재임
1978년   세계 종교 연구소가 베이징에 문을 엶
         가정교회가 여전히 불법으로 간주되지만 비밀집회가
         성황을 이룸
1979년   종교 사무국의 감독 아래 삼자회와 중국 가톨릭 애국
         협회가 활성화 1980년 삼자애국운동의 주석인 정광
         훈이 새롭게 구성된 중국 기독교 공의회에 의장으로
         선임
1981년   남징 신학교 문을 엶-49명 등록
         80개처의 삼자 애국운동의 교회당이 문을 엶. 성경
         135,000권 인쇄

천풍 잡지가 다시 발간됨

지방 삼자교회가 전국 각지에 세워짐

가정교회가 중국 기독교 협의회에 가입하도록 요청 받음

1982년 종교 정책에 관한 19호 문서 발표

250개 삼자교회 문을 엶

1983년 호함파에 대해 완화 조치

1984년 삼자애국 운동 창립30주년 기념식에서 해외 크리스천과 접촉 가능성 시사

1985년 애덕기금회에 성서공회가 인쇄기를 기증함

정광훈 주교가 중국에 4천개의 개방교회가 있으며 3만개의 집회소가 있다고 언급

1986년 베이징에서 제4차 전국 기독교대회 개최

1987년 정광훈 주교가 현재 4백만의 신자와 4천개의 교회와 600여명의 신학생과 10개의 신학교가 있다고 발표

1988년 서울 올림픽 빌리그래함이 아내와 중국 방문하여 16일간 보냄

중국복음선교회가 〈중국과 교회〉〈중국과 복음〉잡지 출판 시작

예배당 6천375개소 집회소 2만602개소 목사 1천여명 전도인 3천500명

13개 신학교에 779명 학생 단기 성경학교 139개 현급 배훈반 630개에 3만3천298명 공부

1989년 6월 4일 천안문 사태 발생
         10월 30일 중국어문선교회 창립
1990년 베이징의 개엄령 해제, 호요방의 죽음
1991년 세계교회협의회가 중국기독교협의회를 회원으로 받아들임
         왕명도 사망
1992년 1월 5일 유두봉 목사 안수 및 연길 교회 담임
         8월 24일 중국과 남한의 외교 수립
         (china awareness seminar3 OMF 참고)
1912년 한국 교회가 중국에 선교사 파송한지 80주년
         〈한중호〉사역자 파송받음
         한중간에 산업 기술 연수생 왕래 시작
1993년 모택동 출생 100주년 아세아방송 극동방송이 중국 복음 방송 개시
         7월 14-17일 제1회 중국 선교사대회 (홍콩)
         9월 연변 전도원 훈련중심 제1기생 45명 졸업
         〈중국을 주께로〉발간 개시
1994년 10월 연길교회 연길시 삼꽃 거리 109호로 이전
         11월 18일 용정교회 박영호 목사 안수 받음
1996년 8월 13일 CA130편으로 김산 가정 북경 도착
         옌따 운동을 통해 사회치안 유지 및 가정교회 단속
         12월 28일 중국 기독교 교회 규정을 기독교 양회 상무 위원회에서 통과

부록 245

1997년 1월 2일 중국 기독교 삼자애국 운동 위원회와 협회
        의 규정 통과
        홍콩 반환
1998년 장안에서 〈고중선〉 조직
        후진타오가 국가 부주석, 군사위원회 부주석
2001년 12월 9일 북경 중산 공원에서 제1회 헨델의 메시야
        공연
2002년 한국 교회 중국 선교 90주년
        8월 19-23일 북경에서 고중선 차이나 2030 비전
        설정
2003년 10월 1일 공산당 창당 82주년을 맞아 공산당원 총 6
        천694만 1천명
        11월 26일 상해 예수당에서 CCC 창립
        12월 1-4일 쿤밍에서 여성 사역자 세미나
2004년 1월 11일 상해 한인 교회 개척
2005년 대한예수교장로회 고신 선교 50주년
2007년 개신교 (로버트 모리슨) 중국 선교 200주년

참고도서

1. 중국과 교회 (서울 중국 복음 선교회) 합본호
2. China awareness seminar (OMF) 1994년
3. 중국을 주께로 (서울: 중국 어문 선교회)
4. 중국 교회와 선교(서울 중국 복음 선교회) 1997년
5. 김영산 영광스러운 교회 (서울:영문출판사) 2000년
6. 신국제판 성경 부록(중국 교회 역사)
7. 죠나단 차오 중국 선교핸드북 (서울 :두란노 출판사) 1991년
8. 중국을 사랑하는 자 〈하나님의 사랑을 중국에〉(중국사역자 대회)
9. 중국 가정교회 미간행 내부 자료
10. 중국 가정교회 찬미가와 찬송 그리고 소책자들
11. 워치만 니, 목양 지침 (홍콩 출판사)
12. 하워드 슈나이더 21세기 교회의 전망 (서울 아가페 출판사)
13. 장영생 중국 학교 교육의 기본 이념에 관한 연구 (부산 고신대) 1997년
14. 김영산 성경과 구속사 (서울 : 영문 출판사) 2000년
15. 기타 중국 관련 각종 신문 자료 모음들
16. 인보라, 중국선교연구원 인터넷 사이트

중국 가정교회 신앙과 생활

■
초판 1쇄 인쇄 / 2004년 4월 5일
초판 1쇄 발행 / 2004년 4월 10일

■
지은이 / 김 영 산
펴낸이 / 김 수 관
펴낸곳 / 도서출판 영문
122-070 서울시 은평구 역촌동 10-82
☎ (02) 357-8585
FAX • (02) 382-4411
E-mail • kskym49@yahoo.co.kr

■
출판등록번호 / 제 03-01016호
출판등록일 / 1997. 7. 24

파본은 교환해 드립니다.
본 출판물은 저작권법으로 보호받는
저작물이므로 출판사나 저자의 허락없이
무단 전재나 무단 복제를 할 수 없습니다.

정가 7,000원
ISBN 89-8487-137-0 03230
Printed in Korea